河南科技学院教育教学改革研究与实践项目《法律诊所实践教学中校企联合培养模式探索》（项目编号：2023YG08）
2024年河南科技学院第二批“专创融合”特色示范培育课程“法律诊所”成果



# “互联网+”时代
# 法学本科教育改革路径研究

任海波　张鹏飞　李正山　著

中国轻工业出版社

**图书在版编目（CIP）数据**

“互联网+”时代法学本科教育改革路径研究 / 任海波，张鹏飞，李正山著. -- 北京 : 中国轻工业出版社，2025.9. -- ISBN 978-7-5184-5564-5

Ⅰ. D90

中国国家版本馆 CIP 数据核字第 2025VS1376 号

责任编辑：李金慧

策划编辑：张文佳　李金慧　　责任终审：许春英　　封面设计：锋尚设计

版式设计：砚祥志远　　责任校对：刘小透　晋　洁　　责任监印：张　可

出版发行：中国轻工业出版社（北京鲁谷东街 5 号，邮编：100040）

印　　刷：三河市万龙印装有限公司

经　　销：各地新华书店

版　　次：2025 年 9 月第 1 版第 1 次印刷

开　　本：710×1000　1/16　印张：11.75

字　　数：210 千字

书　　号：ISBN 978-7-5184-5564-5　定价：48.00 元

邮购电话：010-85119873

发行电话：010-85119832　010-85119912

网　　址：http://www.chlip.com.cn

Email: club@chlip.com.cn



240320K6X101ZBW

# 前　言

“互联网+”时代体现了互联网信息技术在各个行业中的渗透性应用，这种深层次的应用对各行各业的运行环境和发展状况产生了显著的影响作用，特别是在思维层面上，传统思维逐渐过渡为“互联网+”的思维。得益于互联网信息技术的支持，法学本科教育也迎来了发展机遇，无论是教学理念、教学模式还是教学策略，都在一定程度进行了相应的改革与调整，为广大师生创造了即时性和互动性的教学环境。因此，在“互联网+”时代，法学本科教学工作质量得到了显著提升。但不容忽视的是，受到各种因素的影响，“互联网+”时代的法学本科教育仍面临着现实困境，迫切需要制定相应的解决方案。基于此，本书从“互联网+”时代的角度入手，对法学本科教育的多个方面进行了研究，主要包括以下几个部分：第一部分（第一章）为绪论，简要论述了本书研究背景、研究意义、研究的整体思路与内容以及研究方法，重点概述了国内外学者对“互联网+”和“法学本科教育”的相关理论研究成果，确保本书研究具有较强的理论基础；第二部分（第二章至第三章）为概述，对“互联网+”时代和中国法学教育的发展历程、价值及思想等方面进行分析；第三部分（第四章）则对比分析了英国、德国、美国、日本等国家的法学本科教育现状，在对比分析中总结经验与启示；第四部分（第五章）探究了“互联网+”时代法学本科教育的可行性，总结了法学本科教育在教育观念、教师对互联网技术应用能力、现有的互联网教学方式、网络资源与课堂教学的匹配以及法学实践教学等方面存在的问题，并剖析问题产生的原因；第五部分（第六章）则依据上述研究成果，提出了“互联网+”时代法学本科教育改革的动因、原则与有效路径，是本书撰写的重点内容。

综上所述，本书探讨了“互联网+”时代法学本科教育的现状、问题、成因及改革路径，为我国法学本科教育的进一步发展提供了助力，但是由于本人研究精力有限，研究结果可能存在不足之处，希望在日后的研究中能够加以改进与完善。

著　者

# 目　　录

# 第一章 绪论

## 第一节 研究背景与研究意义

### 一、研究背景

当前世界正处于全球化和信息化快速发展的时代，互联网已经成为人们日常生活中一种重要的信息传播媒介。2025 年 1 月 17 日，中国互联网络信息中心（China Internet Network Information Center，CNNIC）在北京发布了第 55 次《中国互联网络发展状况统计报告》（以下简称《报告》）。《报告》指出，2024 年是我国全功能接入国际互联网 30 周年。30 年间，我国互联网实现了从无到有、从小到大、从大到强的跨越式发展，建成了全球规模最大、技术领先的互联网基础设施，构建起全球最大的网络零售市场和网民群体。截至 2024 年 12 月，我国网民规模达 11.08 亿，较 2023 年 12 月增长 1608 万；互联网普及率达 78.6%，较 2023 年 12 月提升 1.1 个百分点；我国手机网民规模达 11.05 亿，较 2023 年 12 月增长 1403 万，网民使用手机上网的比例为 99.7%。

对于高校学生群体来说，互联网已经渗透到他们生活的方方面面，如购买学习资料、开展互动式学习、参与网络课程等。随着教学方式的不断转变，互联网已经成为高校大学生学习的主要工具，对于法学专业学生而言也是如此。法学专业在本科教育和研究生教育阶段存在显著区别，主要体现在培养目标、课程设置、教学方法和职业导向等方面，例如，在培养目标上法学本科教育注重法学基础知识的全面覆盖，而研究生教育阶段则在本科基础上深入研究某一领域（如国际商法、知识产权法、环境法等)，培养学术研究能力或高端实务技能。对此，本书将以法学本科教育为研究对象，重点探究互联网技术在法学本科教育领域中的实践应用。

## (一)党和国家提出"互联网+教育"改革要求

2015年政府工作报告首次提出"互联网+"行动计划。同年7月，《国务院关于积极推进"互联网+"行动的指导意见》正式发布。"互联网+"行动计划的主要目标在于将互联网创新成果融入经济社会各个领域中，以实现技术进步、效率提升和组织变革，从而增强实体经济的创新力和生产力，催生新产业、新业态、新模式①。随后，各行各业对"互联网+"的内涵与外延进行了深入解读。"互联网+"是一种由"创新2.0"推动，借助互联网与传统行业的深度融合，利用信息技术与互联网平台的优势，创造全新发展机遇的新业态。"互联网+传统行业"能够充分借助互联网带动传统行业的优化与转型，使传统行业适应时代的发展，激发行业自身潜力，最终推动整个社会的进步。而"互联网+教育"就是互联网技术与传统教育行业深度融合的一种全新教育形态。为了实现教育的现代化，中共中央、国务院深入贯彻党的二十大关于加快建设教育强国的战略部署，制定了《教育强国建设规划纲要(2024—2035年)》，其中明确提出"实施国家教育数字化战略。坚持应用导向、治理为基，推动集成化、智能化、国际化，建强用好国家智慧教育公共服务平台，建立横纵贯通、协同服务的数字教育体系。开发新型数字教育资源。建好国家教育大数据中心，搭建教育专网和算力共享网络。推进智慧校园建设，探索数字赋能大规模因材施教、创新性教学的有效途径，主动适应学习方式变革。打造世界数字教育大会、世界数字教育联盟、全球数字教育发展指数、数字教育权威期刊等公共产品，推动优质慕课(大型开放式网络课程)走出去"②。信息技术的充分利用，能够实现优质教育资源的系统整合，在一定程度上可以有效地缩小城乡教育差距，实现教育公平。

## (二)法学本科教育现状反思

经过三十多年的持续发展，我国法学本科教育取得了令人瞩目的成就，具体表现在四个方面：一是法学本科专业的招生规模逐渐扩大，法学本科教育院校数

① 新华网.国务院印发《关于积极推进"互联网+"行动的指导意见》[EB/OL].(2015-07-04)[2025-03-25].http://www.xinhuanet.com/politics/2015-07/04/c_1115815942.htm.

② 中华人民共和国中央人民政府网站.中共中央 国务院印发《教育强国建设规划纲要(2024—2035年)》[EB/OL].(2025-01-19) [2025-03-25].http://www.moe.gov.cn/srcsite/A16/s3342/201804/t20180425_334188.html.

量增多，法学本科教育发展速度不断加快；二是法学本科教育为法治国家建设培养了大量的人才，为国家建设以及市场经济发展提供了必要的人才保障；三是法学本科教育对外交流的频率逐渐增多，我国系统地了解与掌握了国外法学教育的基本情况以及取得的成果，在学习与借鉴国外先进经验的过程中促进了我国法学本科教育的完善；四是我国法学本科教育的办学条件得到了有效的改善，师资力量水平逐步提高，为法学本科教育的进一步发展提供了助力。然而，我们在肯定法学本科教育成果的同时，也要客观地看待法学本科教育面临的现实困境。近年来，部分法学本科毕业生就业情况不容乐观，有相当一部分的法学本科毕业生无法找到工作，在北京、上海等一线城市中，法学本科毕业生的就业形势尤为严峻。这不禁让人深思：导致这一现象产生的根本原因在于学生本身，还是与社会需求有关系？现阶段，在司法实践中，出现的冤假错案、司法腐败等事件，对我国法学教育带来了一定的负面影响。在教学中，教师往往会教导学生维护法律的公平正义、捍卫法律尊严，但是学生在毕业后却要面对现实生活中的种种负面现象，这种矛盾也影响了法学教育的成效，这说明法学本科教育仍然存在着较多的问题。

### （三）“互联网+”时代的到来催生法学本科教育变革

“互联网+”时代的来临推动了法学本科教育的变革。一方面，互联网实现了信息互通共享，大量的课程、图书、案例视频等对社会公众免费开放，极大便利了人们对知识的获取。海量的知识共享、无时空限制的获取模式，打破了传统课堂上教师对知识的垄断。学生可以随时随地通过网络来学习法学知识，如下载电子课件、查阅案例素材等。在此情形下，如果教师仍然采取传统的教学方式，局限于教室内，研究单一的教材或者凭借自身的教学经验进行讲课，那么学生对知识的需求是无法得到满足的，学生也会对教师的专业性与权威性产生质疑，导致教学互动陷入困境。另一方面，传统的课堂教学主要依靠教师的讲授来完成知识的传输，学生在课堂上的学习兴趣很大程度依赖于教师的个人魅力，其学习的主动性难以调动。而对于从小接触互联网，推崇个性化、多元化的当代大学生，传统的课堂教授方式无疑过于单一和枯燥。互联网技术的发展，大大革新了教学模式，多媒体教室、智慧课堂、微课等教学方式的兴起和普及，要求教师能熟练掌握相关教学方式，并能融入自己的课程教学中。可见，“互联网+”时代的来临打破了教师对知识的垄断，要求教师变革教学理念与教学方式。

### 二、研究意义

理论意义：对"互联网+"时代法学本科教育进行系统探讨，有助于进一步拓展法学本科教学方式，丰富法学本科教学方式变革的内涵，从而补充并完善法学本科教育理论。实际上，教育信息化的最高目标便是实现信息技术与教育的深度融合，进而推动教育的不断发展以及人的全面发展。开展"互联网+"时代法学本科教育的研究，在理论上能够强化信息技术与法学本科教育之间的紧密结合，进而为教育信息化的应用与实践提供有效的策略。同时，法学本科教学方式与信息技术的融合，反过来也能够充实信息技术的理论基础，使得信息技术能够更好地应用到教育实践中，切实地提高教育成效，最终实现信息技术与教育教学的深度融合。

实践意义：开展"互联网+"时代法学本科教育的研究，有助于解决我国法学本科教育在新时代面临的现实困境，实现法学本科教育的改革目标。对于教师来说，由于"互联网+"时代教学方式的变革对教师素养提出了更高的要求，特别是信息素养，教师在新的教育形势和国家政策要求下，会主动地提升自身的综合素养水平，进而推动教师的专业化发展。对于学生来说，"互联网+"时代教学方式的变革正朝着学习的定制化与个性化方向发展。引导学生将学习兴趣、学习需求作为导向，有助于让学生真正成为课堂教学的主体，切实地调动学生参与法学本科教育的积极性与主动性，为师生良好互动提供便利的条件。

## 第二节　国内外研究现状综述

### 一、国内研究现状

部分学者研究了法学本科教育存在的问题，申清平、申晨（2023）从"互联网+"的角度指出法学教育存在着一些问题，例如，传统教学理念较为滞后、在线教学模式优化难度比较大、教师信息素养水平不高以及实践教学的真实感比较低等①。对此，毋晓蕾（2022）也提出法学教育模式在互联网时代仍然较为滞后和僵化，导致学生无法掌握互联网时代法律人才必备的知识与能力结构，并且法学

① 申清平，申晨．网络环境下的法学教育困境及应对策略［J］．法制博览，2023（27）：160-162.

教育考核方式也略显固化，教师信息化教学能力还有待提高①。黄维（2021）认为法学本科实践教学面临着一些现实问题，例如，教学定位较为模糊，教学课程体系与法学实践教学融合度不紧密，并且教学训练方式也较为单一化，实践教学考核机制也存在一定的弊端②。

同时，也有部分学者探究了法学本科教育的有效路径，李兵（2024）认为应用型本科高校法学教育要明确法治人才内涵和专业定位，依托于优势学科形成特色法学专业，对应用课程体系进行优化，加强实践教学，同时也要组建知行合一的师资队伍③。李侠（2023）认为法学本科教育可以引入翻转课堂，能够有效补足传统法学本科教育以教师为中心，仅提供知识供给的不足，真正让学生成为课堂的中心，让课堂成为培养学生法律思维与探究创新能力的所在④。李闯豪、于淑杰（2022）指出人工智能时代下应该建立分段、分类的人才培养模式，加强法学本科教育人才培养的顶层设计，将“法律+技术”作为主要的教学内容，通过上述措施来培养新时代“人工智能+”法律人才⑤。黄维（2021）提出了法学本科实践教学的创新模式，主要包括“1+1”模式、网状模式、技术导向模式等，这些创新模式能够推动法学本科教学改革朝着纵深方向发展，满足学生对实践教学的需求⑥。董娟、崔祯珍（2021）认为法学本科教育应当构建中国特色社会主义法学本科教育理念，同时立足于中国特色凸显法学本科教育的与时俱进特点，探索法学教育理论和实践结合的可行之路，只有坚持与学术前沿相结合、与司法实践相统一的基本原则，才能培养出顺应时代发展和国家需要的社会主义法治人才⑦。崔艳峰（2020）指出要将现代学徒制引入法学本科教育中，现代学徒制能够实现

---

① 毋晓蕾．互联网时代法学教育面临的挑战与应对策略［J］．兴义民族师范学院学报，2022（01）：88-92.

② 黄维．法学本科实践教学创新模式及其改革策略［J］．湖北开放职业学院学报，2021，34（19）：1-2+14.

③ 李兵．应用型本科高校法学教育内涵式发展路径探析［J］．湖北开放职业学院学报，2024，37（08）：27-29+32.

④ 李侠．法学本科教育翻转课堂线下教学模式建构［J］．西部素质教育，2023，9（15）：161-164+189.

⑤ 李闯豪，于淑杰．人工智能时代法学本科教育的变革研究［J］．湖北开放职业学院学报，2022，35（20）：19-20+26.

⑥ 黄维．法学本科实践教学创新模式及其改革策略［J］．湖北开放职业学院学报，2021，34（19）：1-2+14.

⑦ 董娟，崔祯珍．中国特色法学本科教育的创新思考［J］．安阳工学院学报，2021，20（01）：114-117.

理论知识与实践技能的紧密结合，有助于学生掌握系统的法律理论知识，并且能够将其运用到具体案例中，在现场操作与学习中巩固法律知识①。余寅同（2020）表示我国法学本科教育应该从课程设置、师资配置、教学规划等方面入手实施改革，有效地解决法学本科教育与市场需求不匹配的现实困境，注重复合型、职业型、创新型人才的培养②。可见，我国学者对法学本科教育的有效路径展开了大量的理论研究与实践探索，并取得了丰富的研究成果。

## 二、国外研究现状

国外学者也对“互联网+”进行了相关研究，Soori 等（2023）将“互联网+”看作一种新的发展形态，借助信息通信技术将传统的各行各业联系起来，从而催生新的发展生态③。Turchet 等（2023）认为“互联网+”是依托于互联网将各种信息技术融入经济、社会、生活的各个领域中，实现信息技术的扩散与应用④。Engelbrecht 等（2020）认为“互联网+”的本质在于将互联网与各行业进行深度融合，加强对传统形态的改造与升级，使得传统行业朝着新行业、新形态的方向转变⑤。Obreli-Neto 等（2016）认为“互联网+”是对互联网的一种延伸，是具有智慧性的互联网，不仅具备信息处理与传输等基础功能，同时也涵盖了数据分析、储存和感应等全新功能⑥。在法学本科教育研究方面，国外学者 Alqodsi 等（2023）提出在法学教育中应该加强信息技术的应用，将在线学习平台、交互式模式、数字案例等引入法学教育过程中，从而调动学生参与的积极性，培养学生批判性思维⑦。Srichaiyarat 等（2020）认为法学教育的主要目标在于促进法律职业的发展或为法律职业提供准备，法学院学生能够接受到专业的法律职业训练。对于

---

① 崔艳峰．本科法学教育改革之现代学徒制的引入［J］．晋中学院学报，2020，37（05）：88-92.

② 余寅同．应用型法学本科教育体系建设研究［J］．安阳师范学院学报，2020（04）：139-145.

③ Soori M，Arezoo B，Dastres R. Internet of things for smart factories in industry 4.0，a review［J］. Internet of Things and Cyber-Physical Systems，2023，43：10-13.

④ Turchet L，Lagrange M，Rottondi C，et al. The internet of sounds：Convergent trends，insights and future directions［J］. IEEE Internet of Things Journal，2023，19：20-25.

⑤ Engelbrecht J，Llinares S，Borba M C. Transformation of the mathematics classroom with the internet［J］. ZDM，2020，52（5）：825-841.

⑥ Obreli-Neto P R，Guidoni C M，Baldoni A O，et al. Evaluation of the effectiveness of an Internet-based continuing education program on pharmacy-based minor ailment management：a randomized controlled clinical trial［J］. Brazilian Journal of Pharmaceutical Sciences，2016，52：15-26.

⑦ Alqodsi E M，Jadalhaq I M. Technology-enhanced legal education：A study of its impact on student learning outcomes in the UAE［M］//Innovations in Teacher Development，Personalized Learning，and Upskilling the Workforce. IGI Global，2023：64-87.

法学院学生来说，实践教学至关重要，可以使用案例教学法、模拟口头辩论练习法等来强化学生的实践技能①。Gardner 等（2020）认为当前法学教育存在着理论与实践脱节的现象，导致学生在步入工作岗位之后无法很好地适应岗位要求，因此，法学教育应该注重人才培养的实践性与职业性②。

## 第三节　研究的整体思路、内容与方法

### 一、研究的整体思路

本书的研究思路为："互联网+"时代体现了各个行业对互联网信息技术的渗透性应用，这种深层次的应用使得不同行业的运营环境、发展状况均产生了显著变化，尤其在思维层面更是实现了由传统思维向"互联网+"思维的转变。由于得到了互联网信息技术的支持，我国法学本科教育工作得以实现教学方式、教学策略及教学理念等多个层面的改革与调整，同时广大师生也获得了效率更高、及时性更强的教育环境与学习环境，"互联网+"时代法学本科教育改革工作有望实现教育水平的持续提升。基于此，本书对"互联网+"时代的内涵进行了简要概述，论述了中国法学教育的发展历程、价值与思想，总结了国外法学本科教育的成功经验，通过对"互联网+"时代法学本科教育可行性、问题及成因的剖析，制定了相应的改革方案，以期实现"互联网+"与法学本科教育的深度融合。

### 二、研究内容

基于研究思路，本书具体的研究内容体现在以下几个方面。

第一部分，绪论，借助文献资料法梳理国内外学者关于"互联网+"和"法学本科教育"的相关研究成果，明确不同学者的不同观点，并简要概述本书的研究背景与研究意义、研究的整体思路与内容以及在研究过程中所使用的研究方法，为本书接下来的研究奠定良好的理论基础。

第二部分，"互联网+"时代概述，对"互联网+"的提出背景、演变历程进

① Srichaiyarat P，Lao－Amata P. Legal education during covid－19 pandemic：An experience of a thai law school［J］. Asian Journal of Legal Education，2020，7（2）：228-230.

② Gardner J A，Bartholomew C. Legal argument：the structure and language of effective advocacy［J］. 2020，22：10-14.

行分析，围绕概念、特征、功能与应用四个方面阐述"互联网+"的内涵，并采取对比分析法探究了"互联网+"与"+互联网"之间存在的差异性，为"互联网+"在法学本科教育中的应用提供了有价值的理论参考依据。

同时，在后面又对中国法学教育进行了相关论述，中国法学教育发展历程可以划分为三个阶段，一是中国古代法学教育，二是中国近代法学教育，三是中国当代法学教育，不同阶段中的法学本科教育理念、方式与内容都存在明显的区别。在不断发展中，法学本科教育也彰显出了基础价值、操作价值、人文价值以及终极价值。总的来看，我国法学教育思想较为典型的有沈家本的法学教育思想、董必武的法学教育思想、李达的法学思想、江平的法学思想，这些学者的法学思想为我国法学本科教育的发展与进步注入了活力。

第三部分，国外法学本科教育研究，对英国、德国、美国、日本四个国家的法学本科教育发展现状进行了系统的理论阐述，在对比分析中获得了法学本科教育的成功经验，为我国法学本科教育提供借鉴与参考。

第四部分，"互联网+"时代法学本科教育的可行性与存在问题，"互联网+"时代法学本科教育具有鲜明的可行性，表现为传统教育方式可以提供基础依托，在线教育模式能够深化法学教学，线上线下混合可以推进法学教育改革。然而，"互联网+"时代法学本科教育仍然存在一定的问题，例如，"互联网+法学"的教育观念尚未成熟、教师对互联网技术应用能力不足、现有的互联网教学方式存在弊端以及网络资源与课堂教学并不匹配等，而导致这些问题存在的原因在于法学本科教育课程设置不合理、法学本科专业开设成本和门槛比较低、法学本科教育方式方法过于陈旧，法学本科教育专业知识难以转换成直接的经济价值。总之，这些问题的存在对法学本科教育质量产生了一定的消极影响，迫切需要采取有效的方式加以解决。

第五部分，"互联网+"时代法学本科教育改革路径，根据上述研究成果，总结了"互联网+"时代法学本科教育改革的动因与原则，并重点探究了"互联网+"时代法学本科教育改革的有效路径，一是加强法学本科教育资源的开发与利用，二是全面提高师生的信息素养，三是推进线上与线下教学的深度融合，四是完善与优化法学实践教学路径，五是加强虚拟仿真实训基地建设，为"互联网+"时代法学本科教育的发展与进步提供助力。

## 三、研究方法

文献研究法。首先，通过对前人大量文献的归纳与学习，深入了解前人在“互联网+”时代法学本科教育方面的研究成果，分析其中值得借鉴之处，通过修改加工，运用在本研究中。其次，通过深入总结分析，找出“互联网+”时代我国法学本科教育存在的问题，并努力在本研究中寻求解决这些问题的途径和方法。

比较研究法。本书对比分析了英国、德国、美国、日本等国家法学本科教育的基本情况，从中获得了启示，在比较研究中掌握国外法学本科教育的情况，为我国法学本科教育的发展与进步提供有价值的借鉴经验。

归纳与演绎方法。本书对目前国内外学者关于法学本科教育的相关文献资料进行了系统的整理与归纳，全面地掌握了法学本科教育的内在逻辑，通过对相关理论的阐述，对“互联网+”时代法学本科教育的多个方面进行演绎，系统地分析了“互联网+”时代法学本科教育改革策略的各个维度。

# 第二章 “互联网+”时代概述

自20世纪“互联网”这一概念诞生以来，其自身所具有的虚拟性、数字化、计算能力强等优势特性就开始受到国内外专家学者所关注，同时随着互联网架构的日臻完善、技术的不断革新，互联网逐渐成为变革国民生产生活方式的重要工具。近年来，随着国民互联网普及率的日益提升和互联网技术的飞速发展，互联网技术与国民生产生活实践的联系更为紧密，以“互联网+”为主要模式的产业融合趋势席卷我国各行各业。“互联网+”模式即通过借助互联网优势赋能传统产业，从而实现互联网技术与传统产业的深度融合，打造出以“互联网+”技术为主导的产业发展新业态、新模式。

在“互联网+”继续深入渗透我国各行各业的同时，互联网技术也在不断发展，从而为“互联网+”模式带来更多的价值，也加速了“互联网+”模式的渗透和融合效率。目前，互联网技术给国民生活所带来的变革，在最初智能化、信息化的基础上实现了产业化、数字化、价值化的递进发展。互联网技术通过与工业、教育、医学等产业领域实现深度融合，构筑了以“互联网+”模式为基底的“互联网生态体系”。可以说，“互联网+”模式与互联网技术密不可分，但二者之间也存在本质性的区别。为深入剖析“互联网+”模式的具体概念和本质特征，指出互联网与“互联网+”的区别，同时也为深入探究“互联网+”在推动高校法学教育改革的路径奠定理论的基础，本章将重点对“互联网+”概念的提出、“互联网+”的内涵以及“互联网”“互联网+”与“+互联网”的区别三个主要部分展开深入探究。

# 第一节　“互联网+”的提出与演变

“互联网+”这一概念是我国在探索互联网赋能传统产业的道路上所提出的，作为互联网生态发展语境和产业发展变革态势融汇所得的“产物”，是一种经济社会发展新形态。“互联网+”概念既契合传统产业转变为新业态、新模式的发展趋势，同时也是对国内互联网生态语境不断拓展深化趋势的遵循。此外，“互联网+”概念的提出为我国传统产业的新发展提供了方向性指引，将持续深入推进“互联网”与传统产业的深度融合作为系统性工程，能够不断将互联网技术优势赋能给传统产业，从而在驱动传统产业创新发展变革为新业态新模式的同时，能够进一步构筑国内“互联网+”产业发展生态。为继续深入探究“互联网+”概念提出的意义和现实影响，本节将重点结合“互联网+”的提出和“互联网+”的演变两个主要方面进行具体深入探究。

## 一、“互联网+”的提出

“互联网+”概念的提出并非一蹴而就，其概念的形成是客观因素和主观因素综合作用的结果。在客观因素方面，我国互联网技术日臻成熟、国民互联网普及率不断飙升，互联网已然渗透到国民日常生产生活的各个领域，同时已然推动国民生活实现智能化、信息化的转变。在此基础上，互联网因其自身的技术优势属性、基础架构和庞大用户群体等特点，逐渐成为传统产业优化转型的“重要技术支撑”，这一现象为“互联网+”概念的提出提供了客观依据；在主观因素方面，部分互联网行业翘楚、政府领导者开始密切关注“互联网”在盘活传统产业经济中的重要作用，在自身主观因素和客观条件的综合作用下，“互联网+”这一概念开始出现在大众视野中。

“互联网+”概念最早由从事互联网产业的工作者提出，2012年，易观国际董事长于扬首次在易观第五届移动互联网博览会上提出“互联网+”的概念，他以“互联网”行业产品和服务为中心，试图通过“互联网+”理念的提出来描绘“互联网”产品、服务与企业发展转型之间的联系，认为“互联网+”是与我们未来看到的多屏全网跨平台用户场景结合之后产生的一种化学公式。概括来讲，于扬对于“互联网+”理念的提出，以“互联网”产品和服务为核心展开，认为“互联网+”模式能够引发传统产业发生变革。于扬对“互联网+”模式的描述确定了该概念的基本雏形，强调了互联网产品和服务在传统产业变革中的突出价值，也为后续国内互联网从业者、专家学者和政府领导者进一步深入探究"互联网+"模式奠定了基础；2013年，腾讯公司首席执行官马化腾在腾讯"科学WE大会"上较为完整地阐述了"互联网+"理念，首先，他从互联网的优势属性加以展开，认为互联网的技术优势赋能已然使得通信、媒体、娱乐等行业实现了颠覆式变革，以此来凸显互联网在传统产业变革中的重要价值。其次，马化腾又以工业革命为案例进行阐述，其认为蒸汽技术、电力技术虽然是推动时代发生变革的重要工具，而互联网技术在同传统产业的结合中已然展现出其不可替代的优势属性。基于此，马化腾认为互联网技术在第三次工业革命发展过程中将有可能发挥其"重要工具"的价值。除上述理论层面的阐述外，马化腾还从未来实践中针对"互联网+"模式的发展展开畅想，他通过介绍"互联网+"形成的基础、"信息通信技术"同各行各业的跨界融合的案例（在线医疗、在线教育等），阐述了未来"互联网+"生态体系的构建。具体而言，马化腾对"互联网+"理念的介绍做了更为细节化和具体化的展望，为加速"互联网+"模式落实到现实生活中做出了理论贡献，为"互联网+"时代的开启描绘了基本图景。

国内学者针对"互联网+"概念与创新2.0的关系开展了各种研究，使得"互联网+"的概念内涵更为深化和学理化。孟庆国（2015）在《创新2.0研究十大热点》中探究了新一代信息技术形态与创新2.0之间的关系，认为新一代信息技术形态与创新2.0之间互促发展，数字智能化的演进发展模式（互联网+）将进一步推动实现国民生活方式、产业模式、合作形态的颠覆式转变①。孟庆国通过引入"创新2.0""互联网思维""新一代信息技术"等基本概念对未来创新2.0和"互联网+"的互动发展机制提出展望，也为后续学者针对"互联网+"概念的深入研究提供了理论依据。许正中（2015）在《"互联网+"时代经济发展趋势与机遇》中较为系统地预测了"互联网+"时代的发展趋势，以互联网金融对传统金融产业的冲击入手，旨在强调互联网的优势特点，同时又通过阐述当前互联网与第一、二、三产业融合的发展趋势，对未来"互联网+"生态系统的形成提出展望，尤其重点结合制造业做出具体论述，认为未来"互联网+"与制造业的全流程融合，将实现柔性生产、按需制造、智能制造，工业企业与互联网企业将共同

① 孟庆国，宋刚，张楠. 创新2.0研究十大热点［J］. 办公自动化，2015（05）：6-9.

推动实现制造业转型①。许正中以当时我国发展实际状况为基底，以制造业和互联网企业的融合为研究重点，阐述了未来“互联网+传统制造业”发展的新业态、新模式。许正中的这一论述为后续国内学者探究“互联网+其他传统产业”的研究提供了基本思路。

“互联网+”的概念真正进入公众视野起始于2015年。时任全国人大代表的马化腾在2015年的全国两会上提交《关于以“互联网+”为驱动，推进我国经济社会创新发展的建议》，其中提出我国目前经济面临增长放缓、生产过剩、外需不振等挑战和“稳增长、促改革、调结构、惠民生”的经济社会发展首要任务，认为互联网其自身所具有的打破信息不对称、降低交易成本、促进专业分工、优化资源配置等特点能够为我国经济转型升级提供发展机遇②。紧接着，马化腾从“互联网+”推动产业转型升级、整合优化公共资源、促进共享经济发展、提高资源使用率等多角度出发，突出“互联网+”的实践价值。此外，他具体分析了当时我国发展“互联网+”模式的突出问题（“互联网+”认识度、基础设施、平台运用和国家政策等方面的问题），希望从顶层设计领域实现加速“互联网+”模式的发展，这一建议得到我国政府相关部门的高度关注，国务院为支持和鼓励发展国家“互联网+”战略，制定发布了《国务院关于积极推进“互联网+”行动的指导意见》，“互联网+”自此进入公众视野，从而获得国内各产业领域的广泛关注，“互联网+”进入蓬勃发展时期。

通过整合“互联网+”概念的发展历程，发现“互联网+”是主客观因素共同作用的结果，是契合互联网时代发展趋势、传统产业发展变革要求、经济发展需求的产物。它最初由互联网行业从业者提供相关理念，在国内学者、互联网行业从业者、政府部门工作者的共同努力下，“互联网+”模式在我国加速落地、实施。国家“互联网+”战略已然成为推动当代我国经济社会高质量发展、产业优化升级转型的关键。

## 二、“互联网+”的演变

“互联网+”的演变过程虽然没有明确的界限划分，但根据不同时期“互联网+”的主要表现形式、技术特征等内容可以对其进行阶段性划分。为此，本节将

① 许正中，刘尧．“互联网+”时代经济发展趋势与机遇［J］．人民论坛，2015（35）：22-24.

② 马化腾．关于以“互联网+”为驱动，推进我国经济社会创新发展的建议［J］．中国科技产业，2016（03）：38-39.

结合“互联网+”的技术发展演变和主要表现形式演变等特点展开具体论述。

### （一）技术成熟阶段

互联网技术的成熟为“互联网+”模式的构建奠定了重要的客观基础，在“互联网+”概念提及之前，我国互联网技术已然影响到国民的生产生活方式，并推动部分生活和产业领域发生根本性变革。1998 年，我国最早一批互联网行业从业者纷纷开始创建互联网公司，“京东”“腾讯”“新浪”等线上虚拟购物平台、线上即时通信平台和线上虚拟社区社交平台纷纷开始建立起来，在各类网络虚拟平台的构建下，国民生活开始与互联网建立联系，互联网因其自身信息通信技术的优势使得国民的使用规模不断扩大。互联网行业从业者对线上虚拟软件的开发为“互联网+”模式的形成奠定了基础，而真正驱动“互联网+”模式形成的核心技术则是云计算、大数据和物联网三种技术的成熟。云计算作为按需使用的计算模式，打破了传统数据分散、计算方式受局限的藩篱，用户只需要将网络链接到云端，就可实现对指定信息的获取、计算、存储和共享等；大数据具有数据规模巨大、产生速度快、种类繁多等特点，大数据中所包含的数据内容不再局限于传统的文本、数字等结构性数据，同时还包括图片、视频、音频等非结构性数据，大数据因其数据内容的广泛性，一度成为商业洞察市场发展前景的主要决策工具；物联网是指通过信息传感器设备，对物品进行普遍感知和连接，实现人、机、物智能化交互的网络系统。物联网的应用实现现实生产生活的互通，以互联网为核心，以信息传感器设备为载体，用户能够实现各类生产生活设备的互联互通，物联网技术的成熟使得国民生产生活转变发展为互联网生态模式成为可能。综合云计算、大数据和物联网三个主要核心技术来看，大数据为云计算提供了广泛场景，云计算为大数据分析提供了计算和储存能力，而物联网则是将大数据和云计算真正落实到国民生产生活实践领域，通过物联网，用户能够通过传感器载体不断上传数据，而云计算和大数据能够有效处理和分析用户上传数据，实现用户生产生活效率和质量的提升。以上三个主要核心技术的成熟，为“互联网+”在生产生活领域的落实和发展提供了重要的技术支撑。

### （二）“互联网+”模式的雏形（“互联网+金融”）

我国金融行业作为最早运用互联网优势赋能的产业领域，“互联网+金融”的发展模式取得成功的重要原因存在于两个主要层面：一是我国传统金融服务行业存在金融创新不足、金融信息披露度不高、人力和时间成本高等问题，这些问题严重阻碍了我国金融服务行业的发展，传统金融服务行业亟须数字化变革来注入活力；二是互联网技术不断完善，移动支付工具和电子商务环境的优化营造了良好的互联网金融发展生态。实践证明，互联网技术深度融合金融行业的发展模式，在破解传统金融服务行业发展问题的同时，也催生出金融行业发展的新业态、新模式。“互联网+金融”模式的形成符合市场需求和行业转型升级的要求，其模式的形成与第三方支付工具、电子商务营商环境和线上金融业务拓展具有紧密联系。

第三方支付工具。第三方支付工具作为我国互联网技术高速发展的产物，如微信、财付通、支付宝等，推出此类第三方支付工具的互联网行业，凭借自身庞大的用户基数和移动支付的优势属性，使得第三方支付工具迅速风靡我国支付市场。第三方支付工具作为由非银行的第三方机构投资运营的网上支付平台，是由第三方投资机构借助互联网移动通信技术和信息安全技术同用户与银行之间建立联系，从而实现由消费者到商家之间的虚拟货币流转。由此可见，第三方支付工具同时也反作用于互联网技术的发展，推动互联网技术同国民现实生活的深度融合。在互联网技术的支撑下，第三方支付工具的功能不再局限于消费者和商家之间的货币流通，开始为互联网金融业务（货币理财、股票投资、保险等）提供技术支撑。

电子商务营商环境。在第三方支付工具的技术支撑下，国民支付场景不断得到拓展，互联网金融市场实现蓬勃发展。为进一步规范互联网金融市场的健康发展，中国人民银行、工业和信息化部、公安部、财政部等十部委联合发布了《关于促进互联网金融健康发展的指导意见》，该指导意见的提出为电子商务营商环境的构建提供了良好的借鉴，在顶层设计的规范引导下，互联网金融市场的发展态势得到进一步发展。

线上金融业务拓展。随着电子商务营商环境的规范和优化，线上保险和互联网理财业务逐渐崭露头角。互联网保险行业凭借自身简单、快捷、成本低的优势，使得线上保险业务得到极大的普及，同时互联网理财依托自身云计算、大数据等技术，能够为消费者提供透明、多元的理财服务。线上金融业务的拓展，颠覆了传统保险业和理财行业的运作模式，它凭借互联网技术的优势，突破传统行业发展的局限性，开拓了线上金融业务的新业态。

线上金融业务拓展标志着我国早期“互联网+”模式的形成，同时“互联网+金融”的成功实践，也为后续“互联网+”深度渗透国民生产生活领域奠定了基础，完善了“互联网+”模式的基本架构。

### （三）"互联网+"思维的形成

2015年"互联网+"行动计划的提出，使得国内各产业领域都纷纷关注"互联网+"商业发展模式，意图通过借助互联网技术实现传统产业的转型升级。如何合理推动互联网技术与传统产业深度融合，成为该时期各传统产业所密切关注的重点问题，这也表现出国内各传统产业主体的"互联网+"思维正逐渐形成。由此可见，"互联网+"思维的形成包含三个主要因素：一是大数据、云计算和物联网等互联网技术的不断发展；二是国家政策引导传统产业实施推进"互联网+"行动计划；三是市场产业主体通过对市场、技术、政策、用户、企业价值链等因素的正确审视。在三类因素的综合作用下，市场传统产业主体开始产生"互联网+"思维，意图借助互联网技术打造传统产业发展的新业态、新模式。

"互联网+"思维强调传统产业主体要充分运用互联网技术优势，普遍认同互联网技术价值，从而能够使得产业秉承共同的"互联网+"思维理念，加速互联网技术优势赋能产业运作的各个流程，充分发挥互联网在社会资源配置中的优化和集成功能，最终将互联网的创新成果深度融合到产业发展过程中。为更具体阐述"互联网+"思维的表现，本书将结合"互联网+"思维的实践应用展开具体分析：其一，"互联网+"思维对优化社会资源配置的运用，以大数据技术运用为例，传统产业可以借助大数据技术实现对市场信息的收集，通过对已收集信息进行分析，能够从中了解市场趋势、从而预先制定市场发展战略，帮助产业灵活适应市场发展变化；其二，"互联网+"思维将互联网创新成果优势赋能到产业生产各流程，以"互联网+"技术赋能传统制造业为例，在产品设计领域，"互联网+"模式能够通过对消费者需求数据进行收集，从而决定产业产品设计方向；在产品生产领域，将互联网创新成果如"3D打印技术""虚拟现实技术""人工智能技术"以及"工业机器人技术"充分运用到制造业生产领域，将有效提高生产率、提升生产过程的自动化水平，从而实现传统制造产业向智能制造产业的转型。

### （四）"互联网+"生态的形成

"互联网+"生态作为各产业主体，主要是以互联网技术为支撑，运用互联网思维，通过实现各产业领域与互联网技术的深度融合和创新发展，以此来推动各行各业优化、升级、发展、转型、创新的一种全新经济形态。"互联网+"生态的概念不局限于某一特定产业与互联网技术的深度融合，它意味着互联网技术同各行各业之间的相互融通。"互联网+"生态的形成意味着传统产业将实现数字化转型，"互联网+"技术优势对传统产业各生产流程的资源禀赋将不断催生新的发展模式。目前，我国大部分行业都已然开展“互联网+”模式的探索，“互联网+医疗健康”“互联网+旅游”“互联网+农业”等新业态、新模式逐渐出现在公众视野中，“互联网+”与我国传统产业的深度融合将打破传统产业边界，将各行各业连接为相互开放的整体。同时，传统价值链在“互联网+”生态格局下将得以重构，各类资源、能力和技术将在“互联网+”生态的统一调度下，实现最优配置，同时赋予用户更佳的价值体验。从浅层次来看，“互联网+”模式对各产业所产生的影响表现为：互联网技术优势对传统产业的赋能，具体包括降低产业生产成本、优化产业生产效率等；从深层次来看，表现为互联网对产业发展模式的重塑，一是互联网技术通过对信息的统一收集、处理和分析，打破了信息壁垒，实现了市场资源配置的精准化、高效化和智能化；二是互联网创新发展成果为企业改革提供了新的工具、手段和平台，为新业态、新商业发展模式的诞生提供了技术支撑，同时也催生了新的产业经济增长点。

“互联网+”的演变作为新一代信息技术形态与创新 2.0 发展互促的结果，其中技术的升级为产业主体思维模式的变革提供了技术支撑；顶层设计和电子商务营商环境的优化使“互联网+”与传统产业的深度融合提速、增效；市场需求驱动各传统产业主体纷纷涌入数字化转型的时代浪潮中来。综上所述，我国“互联网+”生态格局的形成是多重元素综合作用的结果，它终将以不可逆转的形式推动我国各传统产业实现新业态、新模式的转变。

## 第二节 “互联网+”的概念、特征、功能与应用

“互联网+”主要是指通过新一代信息通信技术、互联网创新发展成果与传统产业的深度融合，实现传统产业的数字化转型和经济社会发展模式的深度变革。“互联网+”模式作为产业主体互联网思维进一步实践的结果，推动了社会商业发展模式的转变，同时也为后续传统产业的接续发展提供了广阔的互联网平台，充分发挥了互联网在社会资源配置中的优化和集成作用，将互联网的创新成果深度融合到社会发展的各个领域中，提高了全社会的创新力和生产力，形成了以互联网为基础设施和实现工具的经济发展新形态。为更详尽地分析“互联网+”的内涵，本节将结合“互联网+”的概念、特征、功能和应用四个主要方面来进行具体阐述。

## 一、"互联网+"的概念

"互联网+"的概念为：在创新2.0推动下，由互联网所发展的新业态，也是在知识社会创新2.0推动下，由互联网形态演进、催生的经济社会发展新形态。

"互联网+"概念的形成同创新2.0、互联网形态演进、经济社会发展新形态三个主要概念具有密切联系。创新2.0作为"互联网+"模式形成的基础，而互联网形态演进作为"互联网+"模式形成的过程，经济社会发展新形态即"互联网+"模式所发展的结果。为此，为剖析"互联网+"完整概念的形成，下面将结合"创新2.0""互联网形态演进"和"经济社会发展新形态"三个概念来展开具体分析。

### （一）创新2.0

"创新2.0"概念既是对当前时代发展现状的整体概括，同时又揭示了当前时代发展的本质——创新。"互联网时代""工业4.0时代"等名词概念，是国内外学者针对某一产业领域或某一发展趋势的主要概括，这些名词概念难以将包罗万象又瞬息万变的时代现状全部概括其中，而"创新2.0"概念则是从时代发展本质出发，以"创新"来定义时代发展现状。以北京大学宋刚为代表的学者群体，通过分析创新2.0发展的语境，指明了创新2.0发展趋势的同时，又将创新2.0与创新1.0区分开来。

宋刚在《创新2.0：知识社会环境下的创新民主化》（2009）中对"创新2.0"概念展开了具体探究。他认为创新2.0的形成根源于信息通信技术的融合与发展，国民通过网络实现了生活生产方式变革和知识资源共享，这种演进方式推动了知识社会的形成和创新模式的嬗变，传统以生产者为中心的创新模式逐渐被以消费者为中心的创新模式所取代，从而发展为以技术为导向、以用户为中心、社会为舞台的面向知识社会、以人为本的下一代创新模式，即创新2.0模式①。创新1.0作为相对于创新2.0所提出的概念，是以特定生产者为中心的创新模式，其他主体无法参与创新进程中。同时，创新2.0作为对创新1.0的优化升级，更为侧重用户在创新过程中的主导性，创新主体更为广泛、创新效率和价值也得到显著提升。此外，由于创新2.0作为信息通信技术融合与发展的产物，对比创新1.0而言，创新2.0重塑了创新1.0中的创新主体身份和创新环境，更为契合信息

① 宋刚，张楠．创新2.0：知识社会环境下的创新民主化［J］．中国软科学，2009（10）：60-66.

时代和知识社会的发展需求。

创新2.0的特点可概括为用户创新、大众创新、开放创新和协同创新四个方面。一是用户创新。用户创新是指用户不再被动地成为产品或服务的接受者，而是直接参与产品或服务创新的过程。通过互联网平台，用户不仅能够实现自身需求、体验的反馈，同时也能够参与创新成果的研发和推广过程。二是大众创新。大众创新是指在政策引领下，国民广泛积极参与创新活动，通过开放、共享、协作等方式，实现创新要素的集聚和创新资源的共享。三是开放创新。开放创新是指将传统封闭式创新模式转变为开放式，创新主体从内部资源运用转为内、外资源的兼收并蓄，以此来加速创新成果研发、提高创新成果质量。四是协同创新。协同创新意味着创新资源的集聚和不同组织或个体间的共同协作，协同创新的目的是通过产业跨界合作拓宽创新领域，以此来促进创新思维的碰撞和融合，从而扩大创新范围、提高创新效率。

由此可见，创新2.0的形成作为互联网信息技术发展驱动的产物，其自身的发展模式又推动互联网创新成果同各传统产业深度融合，促进“互联网+”模式进一步形成。可以说，创新2.0与“互联网+”是互促的关系，它们共同塑造了信息时代下经济社会发展的新形态。

### （二）互联网形态演进

本节所指“互联网形态演进”是“互联网+”思维进一步实践过程中所引起的互联网形态变化，它作为一个不断发展、不断创新的过程，其演进的阶段性成果（“互联网+”模式）将实现互联网技术与传统产业的深度融合，重塑经济社会发展格局，从而形成以互联网为基础设施和实现工具的经济发展新形态。为具体分析互联网形态演进的价值内涵，本书将结合互联网形态演进的内涵、具体表现和其与“互联网+”的关系进行叙述。

第一，互联网形态演进的内涵。互联网形态演进作为由点到面、循序渐进的技术革命过程，是一个过程性概念，它将随着互联网技术的革新和应用层面的提升而不断得到更深层次的推进。这一技术革命过程使得互联网由“技术”转变为时代发展的“变革力量”。具体而言，互联网形态从最初的军事计算机网络到目前“互联网+”模式的形成，使得互联网的内涵实现了“质”的飞跃。互联网技术的应用不再仅作为信息传递和交流的工具，而是融入社会发展的各个领域，催生各领域产业发展不断涌现新模式、新业态。

第二，互联网形态演进的具体表现。互联网形态演进过程的具体表现既体现为互联网对社会经济发展模式的重塑，同时又表现为互联网自身价值的演变。

从横向角度来看，互联网在社会各领域的覆盖面不断拓展，这种横向拓展将实现不同时空要素的广泛融合和共享，从而形成开放共享的互联网生态世界；从纵向角度来看，互联网形态演进将会在大众需求的满足程度方面实现"质"的飞跃，互联网从最初对大众信息交互需求的满足再到对大众多元化和个性化需求的满足，能够直观地反映出互联网形态的演进，提升了大众需求的满足层次。

第三，互联网形态演进与"互联网+"的关系。互联网形态演进作为互联网技术发展和人类不断探索互联网应用价值所共同导向的成果，而"互联网+"作为互联网形态演进过程中的成果之一，互联网技术与传统产业的深度融合创造了全新的商业发展模式（新模式）和产业发展形态（新业态）。新模式和新业态的形成，能够实现产品或服务供给的提质升级，完成对消费者需求的深层次满足，消费者需求层次也会由深层次向更深层次进行递进，从而对产品或服务提出更高的要求。在消费者需求的刺激下，人类会进一步深入探究互联网技术的应用价值，互联网形态也会继续发展演进，由此实现"互联网+"和互联网形态演进的相互促进。

### （三）经济社会发展新形态

经济社会发展新形态是以互联网为基础设施和实现工具的社会发展形态，作为社会化概念，其所涵盖的内容涉及社会生产生活的各个领域。换言之，各生产生活领域与互联网技术的深度融合，综合表现为经济社会发展的新形态。本书针对经济社会发展新形态的探究，囿于篇幅的限制，只选择与"互联网+"具有直接关联的代表性方面进行具体论述。

一是产业数字化转型。产业数字化转型是"互联网+"模式深入发展的结果之一。传统产业在互联网技术优势的基础上，通过将云计算、物联网和大数据等技术充分融入市场需求预测、产品研发、生产和销售的各个环节，以此使得产业能够精准对接市场需求、提高产品的生产质量与生产效率以及提高产业自身的市场竞争力，同时将互联网技术创新成果如工业机器人技术、数控技术引入生产流程中，能够实现对生产流程的精细化控制，实现对生产流程的优化。此外，借助互联网技术可实现多元供需关系的连接和供应链信息的实时共享，以此推动产业供应链的优化升级。

二是数据要素价值提升。在"互联网+"模式持续深入的发展进程中，数据已然成为经济社会发展的核心要素，为深入阐释数据在经济社会发展新形态中的价值，本书将从数据自身价值和数据的递增价值两个角度展开具体分析：①数据自身的价值。数据自身的价值能够被产业、政府等组织或部门直接运用，从而提高企业自身的市场竞争力或提高政府部门的工作质量和工作效率。例如，产业主体能够通过数据精准了解市场需求，从而优化和调整自身的生产流程；政府通过数据能够优化公共资源的配置，进而提高公共服务的均等化，实现城乡融合发展；我国各教学主体能够通过教学数据资源共享，降低各地区教学资源的差异等。②数据的递增价值。数据的递增价值是数据在同其他要素融合的过程中实现的，例如，数据要素与生产要素的融合，能够实现生产流程的数字化，从而提高生产的科学性和规范性，降低各类生产问题和生产事故的发生率；数据与新技术的融合，以数据与人工智能技术为例，能够使得人工智能技术更好满足受众需求，为受众提供更为多元化和个性化的服务体验。此外，不同数据要素的融合也能够实现数据价值的递增，在产业跨界融合的过程中，通过对数据要素的共享，能够集聚数据资源，使得不同产业实现更为紧密的协同合作，例如，通过互联网金融数据要素的共享，能够实现更精准的用户信用评估和风险管理，以此为用户提供更高质量的借贷服务，推动互联网金融市场健康发展。

## 二、“互联网+”的特征

“互联网+”重塑了传统经济社会发展形态，所以其特征能够从经济社会发展新形态中直观地表现出来。“互联网+”具有数个重要特征，既体现为“互联网+”模式的发展形态，如创新驱动、连接一切、跨界融合、强渗透性等；同时又体现为“互联网+”模式的发展理念，如尊重人性、注重技术创新等。虽然“互联网+”的特征种类繁多，但这些都只是“互联网+”关键特征发展的分支，为此，本节将针对“互联网+”的核心特征展开具体分析。

“互联网+”具有六大关键特征，分别为跨界融合、创新驱动、重塑结构、尊重人性、开放生态和连接一切。

### （一）跨界融合

“互联网+”的跨界融合特征表现为不同领域范畴的融合，其中融合本身既可指代技术、功能和其他生产要素的融合，又可指代不同身份的融合。

从生产要素融合概念来看，生产要素的融合主要体现为技术融合、服务功能融合和市场融合三个主要方面：其一，技术融合。“互联网+”时代，技术融合通常是指新兴技术与产业技术的广泛融合，例如，工业机器人技术、数字孪生技术与传统制造业技术融合出智能制造技术，人工智能技术与汽车制造技术融合出AI自动驾驶技术等，由此可见，技术的融合能够推动传统产业实现生产流程的优化以及产品或服务的提质升级。其二，服务功能融合。服务功能的融合表现为产业间的功能互补或延伸，不同产业功能的融合，能够实现对资源配置的优化，从而突破传统产业的局限性，扩大市场规模。例如，农业和旅游业的融合，能够刺激农业与第三产业间形成良性互动，实现对农业和旅游业产业链的延伸。其三，市场融合。市场融合即产业内部的重组融合，这种融合能够实现对产业内部资源的整合和集聚，产业主体从而能够对内部资源进行优化配置以及对产业链和供应链进行优化升级。

从“不同身份的融合”概念来看，不同身份的融合是指市场消费者和生产者身份的融合。生产者通过对产品或服务信息的反馈，间接或直接参与产品设计和生产的过程，实现了产品或服务的协同创新和价值共创，传统生产者和消费者的界限被打破，同时随着多元身份（如投资者和第三方服务平台）加入融合的发展趋势中，将能够实现深层次的价值共享和价值共创，这种不同身份的融合能够带动商业模式的创新和产品或服务的升级。

## （二）创新驱动

“互联网+”创新驱动体现在思维模式创新、生产方式创新和产业形态创新三个主要方面。

首先是思维模式创新。“互联网+”时代，思维模式创新驱动即产业主体打破传统思维定式，运用“互联网+”思维模式推动产业发展变革。“互联网+”思维模式包括用户思维、跨界思维、大数据思维等主要方面：其一，用户思维。用户思维要求产业主体从用户角度出发，以满足用户需求和体验为生产导向，对产品或服务进行优化和改良。其二，跨界思维。跨界思维要求产业主体要积极整合外界资源，从而实现资源共享和价值共创，以此来优化自身资源配置、拓宽产业市场发展格局。其三，大数据思维。大数据思维要求产业主体借助大数据技术对产业发展数据进行收集和分析，以此来精准掌控市场发展趋势，为产业发展决策提供数据支撑。

其次是生产方式创新。生产方式创新能够使得产业更好地运用数字经济和互联网技术的新优势，促进产业升级和创新发展。“互联网+”生产方式的创新具体可以体现为智能化生产、协同制造和柔性生产等方面：其一，智能化生产。智能化生产即产业主体通过将互联网技术融入生产过程中，从而实现生产过程控制的自动化、智能化和精细化。产业主体通过智能化生产能够提高生产效率、降低生产成本和生产问题发生率。其二，协同制造。协同制造即以互联网技术为支撑，产业主体通过与其他产业主体或个体的连接，能够实现资源共享和优势互补，同时还有助于促进产业链的优化和升级。其三，柔性生产。柔性生产即产业主体通过互联网技术精准预测市场需求，从而制订针对性的生产计划，以此最大限度地实现市场供需平衡，避免产业发生因过量生产而导致的价值损耗问题。此外，产业对柔性生产方式的应用有助于产业快速适应市场变化，提高自身在市场中的竞争力。

最后是产业形态创新。在“互联网+”时代，产业形态创新一般是指产业的数字化转型。产业数字化转型即产业主体利用互联网技术手段对产业进行全面优化的过程，在这个过程中，产业不仅通过互联网技术赋能，实现了产业生产技术的革新，同时也实现了自身商业模式的变革。具体而言，产业通过对互联网技术的应用使得生产流程更为科学化和精细化，从而摆脱了传统粗犷式的发展模式，同时产业借助互联网技术能够实现对市场需求、产业链上下游信息的获取，从而能够更具针对性地优化自身生产调度和企业发展方向。

### （三）重塑结构

在“互联网+”时代，信息技术与社会各行各业的深度融合使得传统产业和社会结构发生巨大变革。具体而言，“互联网+”时代所引发的社会结构变革具体可以从经济结构变革、文化结构变革、地缘结构和关系结构变革三个主要方面来进行具体阐述。

经济结构变革。在“互联网+”时代，互联网金融产业、共享经济、电子商务、新零售模式等新经济形态不断涌现，数字经济作为影响我国经济结构变革的重要因素，在我国经济体系中所占的份额呈现不断增长的态势，对我国传统经济结构产生巨大冲击，推动了我国经济结构的转型和升级。

文化结构变革。互联网技术实现了各类资源的集聚和共享，互联网用户既是各类知识文化资源的生产者，同时也是互联网知识文化资源的接受者。传统生产者与接受者之间的界限被打破，知识生产不再是部分人的“专利”，大众广泛参与文化的传播过程中，这一发展趋势促使文化结构发生变革，形成了新的文化形态和文化消费模式。

地缘结构和关系结构变革。互联网技术与社会各产业领域的深度融合，构建了“互联网+”网络生态环境，在以互联网技术为支撑的网络生态环境中，产业主体可以实现跨地域的交流与合作，传统模式中因地缘性、关系性而建立的产业合作模式的优势正逐渐消失，地缘结构和关系结构的变革赋予产业主体更多的话语权和选择性，产业主体可以在“互联网+”网络生态环境中寻求更契合自身产业发展需求的产业主体展开合作。

### （四）尊重人性

尊重人性是“互联网+”最为本质的特征。因为产业生产的目的最终是为人类提供服务，产业主体对人性洞察越为彻底，所提供的产品或服务越契合人的需求，那么其产品或服务就更具价值性。“互联网+”时代，尊重人性的特征主要可以体现在用户个性化需求的满足、主体话语权的提升和对生产过程的交互与参与三个主要方面。

用户个性化需求的满足。传统产业生产模式以满足既定受众群体需求为导向，无法提供个性化服务。在“互联网+”时代，产业能够通过借助大数据和物联网技术将用户偏好、消费习惯等数据整合起来，生成用户画像，从而针对用户需求提供定制化和个性化的服务。

用户主体话语权的提升。在“互联网+”时代，用户获取信息的渠道更为多元化，这种多元化的信息获取方式既能够拓宽用户视野，同时用户也可凭自身喜好和需求对信息种类进行有意识的选择。此外，互联网为用户创设可供交流和发表自身意见的平台，用户不仅能够借助互联网平台参与各个事项的发展进程，还能够直接发表自身的观点和经验。

生产过程的交互与参与。用户依托互联网技术能够以 UGC（用户生产内容）的形式实现自身需求和产品使用体验的反馈，这种反馈数据能够指导产业主体对自身产品的设计方向和功能定位进行调整，从而使得产品更为契合用户使用需求。对于部分产业而言，用户对生产过程的交互与参与是一个迭代的过程，在整个迭代的过程中，用户通过各种渠道参与产品的设计和制造流程，实现对产品的众创，并再次对新产品的使用体验进行反馈，产业主体再结合反馈数据进行产品或服务的改良和优化。通过这种用户对生产过程的交互和参与，不仅能够增强用户的忠诚度和品牌黏性，还能够使得产业创造出更契合用户需求的优质产品或服务。

### （五）开放生态

开放生态能够实现各类创新要素的自由流动和重组，从而加速创新成果形成，形成社会创新发展新格局。开放生态中，“开放”概念作为“互联网+”生态的基础，开放既包括技术资源、数据资源、互联网创新成果等生产要素资源的开放，同时也包括平台、政策等环境要素资源的开放。

开放意味着各产业领域能够实现资源共享。在产业创新领域，开放能够实现各类创新资源集聚，有效降低产业获取有效资源的各类成本，从而加速产业创新过程；在跨领域（学科）交流领域，开放能够使得不同领域的研究者借鉴和融合各类生产要素，从而创造出更具社会价值的研究成果；在创新开放模式领域，开放使得创新者不再局限于内部研发，而是拓展视角，摒弃传统孤岛式创新模式，侧重于积极利用外部资源进行合作和创新。

在开放生态领域中，各产业主体既是开放生态的“受益者”，同时也是开放生态的“贡献者”。各个产业主体通过共享资源要素，实现自身产业发展模式的优化创新，其优化创新成果将进一步转化为资源要素，重新回归到开放生态领域中，以此推动开放生态的接续发展。在此背景下，开放生态因各产业主体的参与和创新，将不断对自身领域内的各类要素进行革新和拓展，从而使得开放生态能够不断自我进化，以此来适应和满足社会发展需求。

### （六）连接一切

连接一切，即通过大数据、物联网、云计算、人工智能等技术，实现人与人、人与物、物与物、物与空间等之间的连接。这种连接模式是各方之间交流、互动、创造和融合的综合体现。连接作为“互联网+”开放生态和跨界融合的基础，能够促进不同领域间各要素的传递和共享。在“互联网+”发展模式中也能够直观展现出连接的价值和特性。

在“互联网+制造业”发展领域，产业主体通过连接能够实现对市场各类资源要素的统一调配。例如，通过对市场上下游供需关系信息资源的连接和共享，能够打破信息壁垒，使得产业主体能够迅速响应市场变化；产业各生产流程与互联网创新成果的连接将能够推动实现生产制造过程的智能化等。

在“互联网+教育”发展领域，教育事业能够通过教育资源的对接实现先进教学资源的共享，同时教育事业与互联网技术的连接不仅能够将互联网技术融入现实课堂教学过程中，例如，运用 AI（虚拟现实）技术、MR（混合现实）技术不仅可以创设更为多元化的教学场景，还能够构建网络远程在线教育、网络教室等智慧教育平台，以此打造教学资源“富矿”和服务高地。

## 三、“互联网+”的功能

“互联网+”作为新时代我国经济发展的新引擎，在推动国民就业、创业、传统产业优化升级、数字经济发展和政务服务智慧转型等领域做出了巨大贡献，其中

"互联网+"在推动产业转型升级、提升公共服务水平和塑造新质生产力领域的功能价值最为显著，为此本书将结合以上三个主要方面对"互联网+"的功能展开论述。

## （一）推动产业转型升级

"互联网+"通过推动互联网技术与产业生产流程的深度融合，能够优化生产流程和供应链管理、推动产业在技术领域和商业模式领域实现创新。

在优化生产流程和供应链管理领域，产业主体能够依托大数据技术实时获取市场需求数据和产业链上下游数据，通过对所得数据的分析，产业既能够预测未来市场发展趋势，制定与市场需求相契合的计划生产目标，又能够掌握供应商的基本信息（供货情况、库存情况以及供货价格等），以此来实现供应链的数字化和智能化。

在技术创新领域，产业主体能够通过互联网技术与产业技术的融合，创造出全新的技术范畴。全新技术将兼顾互联网技术和产业技术的优势，推动产业生产实现数字化和智能化，以此来提高产业的生产效率和生产质量。以智能制造技术为例，智能制造技术作为互联网技术与制造业技术深度融合的产物，智能制造技术能够依托自身数字化、自动化和智能化的优势，实现对生产数据和生产模式的优化，以此来提高生产效率、降低产业生产成本，促进产业实现可持续发展。

在商业模式领域，商业模式的创新既体现为传统产业通过与互联网技术的深度融合所实现的产业模式革新，即产业数字化（如智能制造、智慧医疗、共享经济、智慧农业等），也表现为以互联网技术为支撑所诞生的全新商业模式，即数字化产业（如在线教育、电子商务和远程办公等）。

## （二）提升公共服务水平

互联网技术与政府政务服务工作的融合，能够提高公共服务的效率、质量，扩大覆盖范围，从而更好地满足人民群众的需求。"互联网+"提升公共服务水平的具体表现则可以从智能政务服务平台、智慧城市建设、公共服务资源共享三个主要方面进行体现。

第一，智能政务服务平台。智能政务服务平台依托互联网技术优势，能够提高政务事项处理效率、实现政务信息的公开透明以及公众与政府之间的互动交流①。在提高政务事项处理效率方面，智能政务服务平台能够将行政审批、证照办

---

① 周伟，黄铁淳．人工智能在政务服务创新中的应用［J］．中国新通信，2023，25（18）：101-103+223.

理等政务事项的办理转移到互联网领域，公众通过智能政府服务平台可实现线上办理，从而有效缩减时间和人力成本；在实现政务信息的公开透明方面，智能政务服务平台能够实现对各类事务处理进度、政府文件、法律法规等政务信息的公开，从而方便公众了解政策现状、监督政务工作开展状况等；在公众与政府之间的互动交流领域，公众可通过智能政务服务平台在线发布咨询、投诉和检举等相关信息，方便政府体察民意、民情，同时也有助于提高公众在政务工作中的主体性和参与性。

第二，智慧城市建设。智慧城市建设是以信息技术和通信技术为支撑的新形态城市构建过程。智慧城市建设通过信息技术和通信技术对城市领域全覆盖，从而对城市实时状况以数据化的形式进行监测。例如，在环境治理方面，智慧城市建设能够通过对城市空气质量或水源质量进行监测，及时获取区域受污染状况的数据，从而制止污染行为或对污染主体进行追责；在城市服务方面，智慧城市能够实时反馈医院就医者数量、交通道路车辆拥堵情况，从而缓解医疗资源或交通资源分布不均等问题。

第三，公共服务资源共享。公共服务主体依托互联网技术，能够实现公共服务资源的集聚和共享，进而提高各类资源的利用率和服务质量。以教育资源共享为例，教育部门通过搭建互联网教育平台，集聚优质在线教育资源，各地院校通过互联网教育平台共享教育资源，能够有效缩小城乡和区域间教育资源的差距。由此可见，公共服务资源共享能够实现社会各领域公平、协调发展。

### （三）塑造新质生产力领域

新质生产力是以数字化、网络化、智能化的新技术为支撑，以科技创新为核心驱动力，以深化高技术应用为主要特征，具有广泛的渗透性和融合性的生产力形态。新质生产力作为推动我国经济发展的新动能，它不仅强调在技术要素、生产要素领域实现创新，还要求产业在组织架构、管理方法和商业模式等领域完成革新，从而更好地契合新时代经济市场发展变化的总需求。新质生产力的“新”作为“互联网+”时代科学技术融合创新的结果，是对传统生产力的升级、优化或颠覆，同时新的生产力也将带动生产关系产生变革。在新质生产力的主导作用下，产业发展模式、内部价值链和外部产业链都将实现更为契合市场发展新要求、更能体现社会发展新内涵的革新。具体而言，新质生产力是新一代信息通信技术和各领域高新技术融合创新的结果。一方面，它以产业为载体，通过将降本、提质、增效、调结构等方式驱动产业发展创新和转型升级，进而催生产业构建新的生产方式和商业模式；另一方面，新质生产力通过实现对传统生产力的跃迁，能够刺激经济发展结构深度调整和转型升级，提升产业经济的持续整体竞争力，能够为我国形成紧密融合的创新体系提供重要动力支撑。

## 四、"互联网+"的应用

"互联网+"通过对传统产业进行技术赋能的方式，能够助力产业破解发展问题、突破发展瓶颈、提供新的发展契机。新时代，"互联网+"模式已经普遍应用到社会各产业领域中，同时其应用范围也在持续拓展。不仅如此，"互联网+"理念也呈现持续深入发展的态势，"互联网+"模式所引发的新业态、新模式的变革也逐渐朝向着更深层次发展。为探究目前我国针对"互联网+"模式的应用，本书将分别以农业、制造业、服务业、教育事业对"互联网+"模式的应用为例，展开简要论述。

### （一）农业与"互联网+"的融合

"互联网+"技术与农业的深度融合主要体现在以下几个方面。一是通过互联网技术赋能实现农业智能化。以农作物种植为例，农业产业主体可以依托土壤环境监测技术、农作物病虫害监测预警技术、智能节水灌溉和农作物种植遥感技术将物联网技术与农作物种植结合起来，实现对农作物种植育种、施肥、除虫、灌溉等环节的精准控制。二是通过构建农业电商平台、现代物流体系和大数据服务平台实现农业信息化。农业电商平台和现代物流体系的建设能够拓展农产品、农副产品、加工农产品的网络交易渠道。大数据服务平台的建设能够为农业种植、育苗、灌溉等生产环节提供环境、气象、农产品价格等数据支持，从而实现扩大农业经济效益，增加农民种养收入①。三是通过完善农产品溯源保障农产品质量安全。例如，构建农产品质量安全追溯体系，实现产品从"田间地头到餐桌"的全程动态可追溯，以此来强化对农产品产地环境的监测，实现对产地安全保障与风险预警的网络化监控与诊断。

### （二）制造业与"互联网+"的融合

制造业与"互联网+"的深度融合主要体现在以下几个方面。一是能够为产业决策提供数据支撑。产业依托大数据技术能够获取市场需求数据、企业生产数

① 孟祥菊."互联网+"战略在农业经济中的应用及优化策略［J］.农业开发与装备，2024（03）：223-225.

据、销售数据和用户反馈数据等，产业通过对所得数据进行分析和计算，能够更为精准地预测市场发展态势，从而制定科学合理的产业决策。二是能够实现生产过程的智能化和精细化。通过将数控技术、工业机器人技术等融入产业生产过程中，能够实现生产过程的自动化和精细化，能够针对整个生产过程的数据进行及时优化和调整，以此来实现生产过程的灵活性和可靠性。三是能够实现产业跨界融合和共创。以先进制造业产业集群为例，产业能够通过与科研实验室、高校等机构展开合作，汇集优质资源为制造业产品升级服务，实现社会各方资源对产品的价值共创。

### （三）服务业与“互联网+”的融合

服务业与“互联网+”的深度融合主要体现在以下几个方面。一是拓展服务业的发展空间，互联网技术与服务业的深度融合，实现了服务模式的网络化和智能化。例如，在线教育、在线医疗和互联网金融服务使得传统线下服务业延伸到线上领域。二是能够提供更为多元化和个性化的服务。以线上购物平台为例，平台可通过对消费者消费习惯、过往消费数据的收集，从而为其推荐个性化的产品服务。三是能够催生服务业新业态。以共享经济为例，共享经济产业通过互联网技术实现了对各类资源的共享和利用，不仅能够盘活闲置资源、提高经济运转效率，同时还能够提高各类资源利用率，降低成本，实现可持续发展。由此可见，互联网技术赋能服务业，能够提高产业赋值，使其满足社会深层次和多样化需求。

### （四）教育事业与“互联网+”的融合

“互联网+”中的“+”是指互联网与其他产业传统形态的深度融合，而教育与“互联网+”之间的融合也就是“互联网+教育”，是指互联网与教育的深度融合。深度融合是指互联网与教育的方方面面融合，通过互联网的开放性思维和包括大数据在内的新技术等对教育的改造作用，包含对教师、学生、课程等教育体系里的各种构成要素的影响与升级①。互联网作用的发挥促进教育领域里人才培养的过程、评价的机制等不同方面的变革与完善，使教育更能适应当今时代的特点，使人的意义和价值得到充分的重视和发展。笔者认为，“互联网+教育”对教育领域最大的变革是教育思维和教育方式的变革。“互联网+教育”通过互联网开放性等思维方式解放教育参与者的思想，进而促进教育各个构成要素的变革，使教育更多地关注学生完美人生的发展。互联网先进技术在教育领域的应用，促进教育

① 晁恒，刘智博．对“互联网+教育”应用在体育教学中的认识［J］．田径，2024（04）：75-77.

方式的变革。

"互联网+教育"具有鲜明的特征。

第一，信息化。教育信息化已在我国推广和发展多年，到目前为止，教育本身已有一定的信息化基础，大部分地区课堂教学的硬件设施从"黑板+粉笔"发展为"电脑+课件"。随着时代不断进步，互联网不断发展，教育内部的信息水平同时也在提高。互联网与教育的深度融合，大数据和互动反馈系统等新技术将更多地应用到教育领域，教育将体现出较高的信息化水平。教育信息化主要表现在教师和学生的信息技术水平更高、教育资源更加丰富等方面。在教师方面，教师具备更高的信息技术水平，新时期的教师具备终身学习的理念和习惯，教师随时从互联网中汲取自己所需要的知识，促进自身知识和教学能力的提高。教学过程中，教师通过更加现代化的技术，帮助学生更清晰地掌握课堂学习的内容。在学生方面，学生信息水平更高。课堂教学的过程中，学生具备更高的技术素养。在教育资源方面，信息技术使优质教育资源通过互联网平台共享，教育资源更加丰富，课堂教学内容来源更加广泛。教育资源的均衡共享是教育一直追求的目标，"互联网+教育"通过网络和信息技术为优质教育资源共享提供技术平台，缩小不同地域、不同学校的教育资源差异，使得教育资源更加公平。

第二，民主化。与互联网深度融合之后的教育，民主化水平更高。教育民主化主要突出表现为课外教学资源的自主选择水平较高，课堂教学过程中的民主以及教育管理的民主等。首先，在教育资源的选择方面，互联网以其自身为平台为教育提供了更多的课程资源，课余时间学生可以结合自己的兴趣爱好与能力，更广泛地自主选择想要学习的课程。在这个学习过程中，没有教师对其进行监督，培养了学生的自主性与自律性。传统教育中，教育资源大部分来源于课程教材，教材上所写的知识是学生一定要掌握的，学生无法对自己所要学习的知识进行选择，有时会导致学生因不感兴趣而不认真系统地学习知识。互联网平台上课程的提供，使学生在知识选择方面具有自主性。其次，"互联网+教育"使课堂教学过程更加民主。传统教育的课堂中，教师是教学的权威，是课堂知识的传递者，教师按照自己对于课本知识的把握来控制课堂教学的进度与速度；而"互联网+"背景下的教育，教师通过互联网可以与家长更方便快捷地沟通，更及时地得到反馈，更全面地了解学情，便于教师以学生为主体来安排自己的课程。另外，学生通过互联网上辅助课程的学习，在学习知识时更容易理解，能够更准确地提出自己所不明白的问题，教师在课堂上为学生答疑解惑，教师学生均有话语权，更好地尊重了教师和学生的主体性，教学过程更为民主。

第三，便捷化。学习便捷化程度高，主要体现在学习者可以方便快捷地通过互联网学习平台来获取知识。互联网是由无数台计算机连接而形成的，计算机之间的教育数据通过共享，使得互联网上与教育相关的内容异常丰富，而互联网上文化和信息的传播一般没有绝对的垄断性，世界各地的文化通过互联网展现，教师和学生所需要的信息，可以通过互联网搜索获得，不用在各个图书馆之间来回穿梭，节省了人力物力等成本，大大提高了信息获得的便捷性。除此之外，互联网与教育的深度融合使得学习时间和地区的限制被打破。网络公开课帮助学习者摆脱了时差的影响，可以在自己方便的时间听课学习。互联网上关于学校课程的补充可以辅助学生掌握学校课程，课余时间学生遇到困惑时可以通过互联网迅速得到解答，这令学生学习的便捷性得到大大提高。

第四，人文性。与“互联网+”深度融合之后的教育，将更加具有人文性。教育更加关注学习者本身的成长与发展，在教育过程中也更加注重学习者的感受，教育结果更加注重学习者能力和习惯的培养，而非分数的高低。教育资源更加充足的同时，教育者可以根据自身情况自主选择，抛去了纯粹的功利性的知识观，更关注人的内心世界，更具有人文性。

## 第三节 “互联网”“互联网+”“+互联网”三者的区别

互联网从诞生到发展，经历了从“+互联网”到“互联网+”的变化过程。从字面上看，只是“互联网”这个词所处位置先后顺序的变化，而事实上，这一看似简单的顺序调整，意义却大不相同。经过这种变化，“互联网”不再是最初简单地被“工具化”——被作为信息工具而与传统产业进行“数学意义”上的“求和相加”，而是作为一个“物质、能量和信息相互交融的物联网”，如同水电燃气一样，作为生产要素和一个底层的基础设施，实现了与传统产业进行“你中有我，我中有你”深度融合的交互式发展。在这个从“+互联网”到“互联网+”的“物理变化”“化学变化”和“生物变化”的演化过程中，互联网由被动的“第二性的客体”上升为主动的“第一性的主体”，从最初信息工具型的“消费互联网”发展到信息、物质、能量型的“产业互联网”和“生态互联网”，展现了“以互联网为主体"的"互联网+"的"重新构造力量"。在"互联网+"时代，传统经济发展的基本前提发生了改变：以前工业时代，作为生产前提的物资资源和信息资源，在"互联网+"时代已相对不再稀缺，资源的利用和共享效率大幅提升。"互联网+"带来的这种变革，必然改变过去的经济发展方式，重新配置新的生产要素，重构新的协同化、智能化、数字化的生产方式、生活方式和组织方式，更新人们的思维观念，资本主义社会根深蒂固的"生产资料私人占有"的传统产权观念，也会在"互联网+"时代得到扬弃。

## 一、互联网与"互联网+"的区别

"互联网"与"互联网+"作为两个不同的概念，二者在含义、应用范围、影响程度和数据处理方式等方面具有显著的区别。

第一，二者含义不同。互联网是以信息技术为支撑的全球性计算机网络，在互联网基础设施建设完善的前提下，它能够实现全球范围内信息的即时交换和处理。而"互联网+"则是互联网技术与传统产业深度融合后所形成的一种新经济形态，它强调运用互联网技术推动公众各生产生活领域发生变革，从而创造产业发展新模式和社会经济发展新形态。由此可见，互联网是以信息技术和基础设施为支撑和基础架构的虚拟网络体系，其含义更侧重于技术范畴；而"互联网+"则注重互联网创新成果与传统产业的融合发展，其含义更侧重应用范畴。

第二，二者应用范围不同。互联网与"互联网+"作为两个不同的概念，二者在应用范围和侧重点也存在显著的差异性。以互联网的应用范围为例，互联网能够为用户提供庞大的信息数据资源和即时信息通信服务，例如，用户能够在"百度""谷歌"等网络平台，通过搜索引擎获取自身需要的各类信息数据，同时也能够通过互联网社交软件来实现即时通信。此外，用户能够在互联网所构建的虚拟网络空间中进行虚拟实践，例如，探索元宇宙、使用网络游戏等。"互联网+"的应用主要表现在其对传统产业的深度融合，如"互联网+农业"，利用互联网技术提升农业生产、经营、管理和服务的水平，实现精细化的农业生产。由此可见，公众对互联网的应用在网络虚拟空间中实现，其应用价值侧重于对互联网虚拟经济的贡献；公众对"互联网+"模式的应用在现实生活实践领域中展开，其应用价值侧重于对产业实体价值的贡献。

第三，二者影响程度不同。互联网与"互联网+"对事物发展的影响程度可以通过"数字化产业"和"产业数字化"两个基本概念来详细说明。其中，前者对应互联网概念，后者对应“互联网+”概念。第一，互联网与“互联网+”对事物发展的影响层次不同。以数字化产业为例，数字化产业即以信息为加工对象、以数字技术为加工手段的虚拟产业概念，数字化产业对自身并无明显利润，但其能够帮助其他产业提升利润。如淘宝、京东等电子商务平台等。而产业数字化则是通过互联网技术与传统产业的深度融合，推动产业转型优化升级，从而构建产业发展新业态、新模式。如智能制造、智慧农业等。通过二者对比可以得出：“互联网+”对事物发展的影响程度更深、更具颠覆性，其在事物的发展变革中发挥核心带动作用；而互联网对事物发展的影响程度层次较浅，其在事物的发展过程中发挥辅助工具功能。

第四，二者数据处理方式不同。互联网和“互联网+”对数据的存储和管理都是依托信息储存、数据库储存等技术来实现，但二者在数据处理方式领域存在较大的差异性。互联网主要依托中心化的数据处理模式，即通过将互联网终端运转数据集中存储在服务器中。以目前网络应用平台为例，各类网络应用都是将用户数据统一储存在服务器中，用户通过网络来进行数据的传输和调取。而“互联网+”则借助分布式储存技术，将数据存储和处理分散到不同的设备中，实现了边缘计算和边缘储存。对比服务器储存技术，分布式储存技术一是能够通过对数据的备份，避免部分节点数据丢失和数据损坏等情况，从而实现数据存储的高可靠性；二是能够根据产业需要随意拓展或缩减存储节点，以此来契合产业发展需求，实现数据存储的灵活性；三是数据的分散存储能够提高系统的整体运行效率，同时产业能够通过智能负载均衡等技术进一步提高系统数据的读写性能。此外，分布式存储系统通常具备统一的页面管理工具和数据监控报告功能，用户能够通过登录页面实现对已存储数据的管理和对存储系统的维护。

总的来说，互联网与“互联网+”虽然都具备互联网技术的本质属性，但二者在实际应用领域的差异性，使得二者在含义、应用范围、影响程度、数据处理方式等领域呈现出本质性的差异。对比互联网而言，“互联网+”与公众生产生活实践的关系更为密切，所引发的技术变革也更具根本性、颠覆性和价值性。

## 二、“互联网+”与“+互联网”的联系与区别

“互联网+”与“+互联网”的联系主要表现为“互联网+”与“+互联网”都是通过互联网与其他事物发生联系的，因此它们都奉行互联网精神，遵循互联网规律，拥有互联网特质，具有类同的基本属性。两者的区别则体现在以下几个方

面：①影响层次不同，"互联网+"的影响是深层的，它从事物的最底层对事物进行重构，而"+互联网"的影响是浅层的，它从事物最表层、最容易的地方下手；②影响范围不同，"互联网+"对事物的影响是全面的，而"+互联网"对事物的影响是片面的、局部的；③影响的周期不同，"互联网+"的影响是全程的、长期的，而"+互联网"的影响是短暂的、阶段性的；④影响的性质不同，互联网在"互联网+"中是基础是平台，而在"+互联网"中是工具；⑤影响的效果不同，"互联网+"对传统行业的影响是"化学反应式的"，而"+互联网"只是"物理堆加式的"。

# 第三章　中国法学教育相关论述

自先秦时期开始，法学教育就成为我国历史教育体系的重要组成部分。不同时期，因统治者意志、维护国家政权需求等因素导致不同时期的法学教育理念、价值、内容和作用有所不同。法学教育的发展也因不同时期各类政治因素和文化因素的影响，或繁荣发展，或逐渐衰亡。但通过对我国法学教育历史的探究，能够从中汲取我国长久以来法学教育的发展经验，分析法学教育的本质、功能和价值，从而为当代我国法学教育的发展提供历史借鉴。

## 第一节　中国法学教育的发展历程

我国法学教育的发展史最早可追溯至先秦时期，虽然古代法学教育的表现形式、价值理念和服务对象与现代意义的法学教育存在较大出入，但通过透视各个历史时期法学教育的价值理念和表现形式，一是能够使现代法学教育体系深入认知我国传统法学教育的内涵和特点；二是能够帮助现代法学教育体系了解古代法学教育与社会结构之间的关系；三是能够为现代法学教育工作的开展汲取历史经验。为此，本节将结合我国法学教育发展的三个时期（古代法学教育、近代法学教育和当代法学教育）探究我国法学教育的历史发展沿革，为提高我国现代法学教育工作质量、推动社会法治建设提供历史借鉴。

### 一、中国古代法学教育

中国古代法学教育的历史跨度由先秦时期开始到清朝末期结束，其间，因不同时期国家体制、统治者意志和文化形态的变动，致使法学教育在两千多年的漫长历史中，既有蓬勃发展的兴盛时期，也有日渐式微的凋亡时期。但无论在哪一时期，法学教育都在培养古代律法人才、巩固封建统治阶级政权、提高社会治理能力等领域中发挥举足轻重的作用。

为更清晰地审视古代法学教育的发展变化，本书将借鉴郑晓龙（2020）对古代法学教育发展历史的阶段性划分，将古代法学教育发展历史分为先秦至两汉、魏晋至唐宋、元朝至清末三个时期，以此来具体分析各个不同时期法学教育的理念、形式和内容①。

### （一）先秦至两汉时期

先秦至两汉时期，我国法学教育处于起步发展阶段。春秋时期因周朝分封制度影响，新兴地主阶级势力迅速崛起，各诸侯国开始制定律法并向所辖民众广泛宣传。这一时期，各诸侯所开展的法学教育旨在向民众普及律法知识、以此打破传统贵族阶级特权垄断。虽然该时期法学教育形式较为简单，但统治者通过对公众进行律法知识的宣讲，实现了法律知识的下沉，从而促进了民众法律意识的形成。为具体阐述春秋时期法学教育的初步开展，本节将结合法学教育的理念、形式和内容三个主要部分来进行叙述。

#### 1. 法学教育的理念

春秋时期"诸侯争霸"成为时代主题，夏商周时期形成的礼乐体系崩坏，法学教育理念也因此迎来变革，新兴地主阶级政权为巩固自身封建势力，开展官学法学教育制度。此时的官学法学教育的理念，一方面是为清除其他学术门派的法学思想，实现国家内部的文化专制服务，另一方面则是为国家培养法律人才服务，在秦始皇建立中央集权的封建王朝后，在法学教育领域继续奉行先秦时期法家学说理念，将商鞅、韩非等法家学派的法学教育思想具体化、制度化进行推行，贯彻"以法为教、以吏为师"的法学教育原则，这种极端化的法学教育理念抑制了秦朝时期法学文化的兴盛和发展；两汉时期，法学教育受董仲舒"罢黜百家、独尊儒术"思想的影响，法学教育理念与儒家学派思想观念深度融合，因此，"经律共习"成为该时期法学教育理念的特点，两汉时期法学教育理念塑造了"经律互济"的典范，实现了对秦朝"重法轻儒"法学教育理念的颠覆。

#### 2. 法学教育的形式

先秦时期法学教育的最初形式为"木铎传法""悬法象魏"。其一，"木铎传

---

① 郑晓龙．形式、内容与理念：从律学兴衰看传统法律教育之流变［J］．法学教育研究，2020，31（04）：73-87.

法”。根据《尚书·夏书·胤征》中记载：“每岁孟春，遒人以木铎徇于路，官师相规，工执艺事以谏，其或不恭，邦有常刑。①”说明在先秦时期，统治者会在正月派使臣进行木铎传法，规范各地官员和百姓的行为。其二，“悬法象魏”。“象魏”一词通常指古代统治阶级城池或宫殿处专门悬挂律法的建筑，“悬法象魏”即通过对律法的公示来达到法律宣传的作用；春秋时期传统礼乐文化崩坏，新兴地主阶级为削弱旧贵族阶级势力，要求公布新法律，各诸侯国逐渐开始进行法律改革，出现了“铸刑书于鼎”“公布成文法”等一系列改革成果。此外，由于春秋时期各诸侯国对法律的重视和成文法的颁布，加之传统官学教育衰落，私学法学教育开始逐渐兴盛；秦朝时期，秦统治者为巩固中央集权，实行文化专制，全面废除了春秋时期形成的私学法学教育形式，建立了官学法学教育模式。秦朝的官学法学教育具有特定的教学场所和受教育群体（官员子嗣），由专门人员（执法官吏）负责法律知识的传授；汉朝时期，统治者汲取了秦朝法学教育发展实践的经验和教训，既主张官学，通过在京师丞相府设置专门机构的方式，教授学者律令知识，同时又重新开放私学。但因汉朝政治动荡和统治者意志等因素，官学法学教育形式和私学法学教育形式在汉朝几经出现此消彼长、此起彼伏的发展态势。

**3. 法学教育的内容**

春秋时期，我国由奴隶制社会开始向农奴制社会转型，生产关系的变化带来上层建筑的变革，同时新兴军功地主阶级为削弱旧贵族阶级势力，主观地推动了法律改革的进程。该时期以管仲、李悝、商鞅、吴起等人的变法举措为代表，变法的内容主张为巩固封建经济关系、维护封建国家的统治秩序服务，而此时法学教育主要侧重于对法学的起源、本质和价值进行研究和论证，颇具学理性和政治性色彩；秦朝时期，统治者奉行“重典治乱”的思想，实行“繁法严刑”。法学教育由对法律本质、价值的探究开始转向对法律条文、皇帝诏令、审判案例等具体法律规范内容的学习；汉朝时期法学教育在内容上沿袭了秦朝时期的旧例，同时还增加了令、科、比等法律内容。此外，汉武帝时期，法律内容的制定因受儒学思想观念的深入影响，法学教育的内容还将律学的理论学说和儒家学派经学的实践记载结合起来，尤以汉朝儒家学派董仲舒的《春秋决狱》最具代表性。

## （二）魏晋至唐宋时期

魏晋至唐宋时期作为我国古代法学教育的顶峰时期，该时期的法学教育既吸

① 钱宗武. 尚书：羊皮卷珍藏版［M］// 夏书·胤征：第七卷. 北京：华龄出版社，2022：123.

纳了以往法学教育的发展经验，又因统治者意志等因素的影响使其自身得到重视，从而实现了对法学教育的理念、形式和内容的进一步革新。

**1. 法学教育的理念**

魏晋南北朝时期法学教育理念主要为统治阶级和封建贵族服务，魏晋法学中的"八议"制度、"准五服以制罪""官当"制度等都是通过引入儒家尊卑观念，拉开不同阶级间的差距，实现对不同身份犯罪者惩罚程度的区别对待①。为此，魏晋时期所开展的法学教育理念旨在培养一批为封建王权和封建贵族服务的司法者群体，使其维护封建王权社会下法律的正常运转；唐朝时期的律法与儒家思想深度融合，实现了既注重对尊卑制度的推崇，同时又缓解了阶级矛盾，构建了系统完备的唐律，如《唐律疏议》《唐六典》等，其内容涵盖刑事律法、民事律法和行政律法等多门法律类别，不仅保障了封建社会的秩序稳定，同时也巩固了封建统治阶级的利益，该时期法学教育的理念实现既为封建统治阶级服务，又为封建社会的秩序稳定服务；宋朝时期的法学教育理念在沿袭以往为统治阶级政权服务的基础上，重点关注治国官员法治能力的提升，这种注重实践导向的法学教育观念，推动了宋朝法学教育的发展，也为后世法学教育提供了宝贵经验。

**2. 法学教育的形式**

纵观魏晋至唐宋时期在法学教育形式领域的革新成果，最突出的特征就是律博士职位的设立，但因各封建王朝体制结构不同，律博士所属部门和负责职能也存在一定的差异。为此，本节将分别结合魏晋、隋朝、唐朝和宋朝时期律博士的职位和职能进行具体分析。魏晋时期律博士的设立，使得律法教育从经律结合的教育体系中分离出来，律博士成为律法教育的专门职能机构，这也标志着封建王朝法学教育者的身份逐渐实现专业化。值得注意的是，魏晋南北朝时期，因封建体制的变革，律博士的隶属关系也因此多遭变动。例如，《唐六典》所言，"魏初为大理，后复为廷尉。置律博士"。这导致律博士总体上律法教育职能机构的身份不变，但教学侧重点分别向司法实践和法律条例二者之间偏移。唐朝初期，律博士职位的隶属关系在国子监和大理寺之间徘徊不定，唐玄宗即位后则确定律博士职位由国子监隶属，律博士主要教授"律令"和"校试"两门科目。此外，唐朝教育体系和科举制度的发展，律博士的教育对象也拓展到庶民家庭，科举制度内容中设置明法科，专门拔擢法律知识学者。宋朝时期，国子监设置律学，同时也

① 王晴晴．中国古代法学教育初探［J］．湖南科技学院学报，2015，36（10）：152-154.

提高了律学的入学门槛，律博士教授对象范围缩小为朝廷官员和举人，但因宋朝统治者对官员律法知识技能的重视，教授对象范围的缩小并未阻碍法学文化的发展，北宋时期甚至出现了“天下官吏皆争诵律令”的局面。

**3. 法学教育的内容**

魏晋南北朝时期，律博士职位机构的设立使得法学教育体系更为专业化。律博士所教授的内容因其自身的隶属关系不同，侧重点也不尽相同。律博士隶属廷尉时，教学内容侧重司法实践的教学；而律博士隶属太学时，律博士侧重于对律法条文的教学；唐朝时期作为古代律学发展的最高峰，该时期已经形成系统完备的成文律法，该时期律博士的法学教育内容主要集中于对律令内容的教授，即“以律令为专业，格式法例亦兼习之”，但针对司法实践的教育，则采用“拟判”来进行考核，缺乏对其本质上的重视。此外，由于唐朝时期律法理念深受儒家思想影响，以《唐律疏议》为代表的唐朝律法，其中大量渗透着儒家礼法观念，使得当时律博士所进行的律法教育还涵盖部分儒学内容；宋朝时期律学深受儒学思想影响，国子监在设置“断案”和“律令”两类专业知识的基础上，也注重对儒经内容的讲授和学习。具体而言，宋朝法学教育内容总体可以分为三个主要部分：一是以宋朝时期系统完备的成文律法为根本，进行律令的教学；二是通过案例实践教学，培养官员和举人的司法实践能力；三是对儒家经典内容的教学。

### （三）元朝至清末时期

元明清时期，我国古代法学教育的繁荣发展盛况并未得到延续，反而因律学、律博士、明法科等官办法学教育模式的撤销，而逐渐走向没落。

**1. 法学教育的理念**

元朝时期未形成学理意义上的法学教育，所以本书对元朝时期法学教育理念不作论述。明清时期统治者虽然对法学教育有所重视，但从明清时期的选官制度中能够看出，律法更像是其他“经义”“儒学道德观念”等内容的附庸，属于“治世工具”一类的范畴，尤其清朝时期，法学教育开始成为“刑名幕吏”等人牟利的工具。

**2. 法学教育的形式**

元朝作为多民族政权的国家，其内部政治关系并不稳定，在特殊政治环境、统治者意志和律法频繁改革等多种因素的综合影响下，元朝统治者取消了律博士这一职位，同时也不再将明法科作为科举考试的类目，彻底关闭了律学人才晋升的渠道，法学教育走向衰亡；明朝时期的官办法学教育仍未得到恢复，但对官员律学知识素养尤为关注，一方面明朝时期将律令等知识融入科贡考试中，使得律法成为考生晋升官吏的必学内容；另一方面明朝统治者要求官员进行“讲读律令”，以此来考察官员的律法知识和司法实践能力，此外，《大明律》专设“讲读律令”条，规定：“其百工技艺诸色人等，有能熟读讲解，通晓律意者，若犯过失，及因人连累致罪，不问轻重，并免一次。①”正因明朝时期统治者对民众法律知识掌握程度和官员司法实践能力的重视，使得明朝时期私学法学教育形式得到进一步发展；清朝初期沿袭了明朝时期的法学教育形式，同时又因清朝“八股取士”的选官制度，导致清朝官员司法实践能力较差，需要雇佣“刑名幕吏”进行司法上的指导，可以说，“刑名幕吏”在一定程度上具备法学教育主体的功能。

**3. 法学教育的内容**

元朝时期法律内容的形成深受蒙古传统文化和各类宗教文化的影响，其立法目的旨在维护统治阶级利益、缓和各阶级矛盾，但元朝时期统治者并不重视法律人才的培养；明朝时期官办法学教育体系没落，私学法学教育体系却因统治者对民众律法意识的重视，而逐渐兴起。明朝时期私学法学教育的内容也即明朝的基本法律形式（律、诰、例、令），如《大明律》《大诰》《问刑条例》《明会典》等；清朝时期，“八股取士”选官考试中涉及对清朝法律知识的考察，这些清朝法律主要包括《大清律例》《大清会典》和以《蒙古律》为代表的部分少数民族的地方性法规，是清朝时期律法教育在律法基础知识认知方面的主要内容，而在司法实践能力的培养方面，则是让“刑名幕吏”以辅佐官吏的形式来间接实现司法实践的教学。

通过对我国古代法学教育发展历程的探究，可以了解我国古代法学教育发展的整个过程，但无论兴衰，我国古代法学教育的目的都是为维护封建统治阶级政权服务。自汉武帝开始，儒家学派的尊卑观念、德礼观念开始深度融入我国古代法律体系中，官办法学教育机构自此将律法和经义结合起来进行教授，因此，我国古代法律体系和法学教育很大程度上都深受儒家思想道德观念的影响。此外，我国古代法学教育中对官吏司法实践能力的教学，仅在唐朝时期的“拟案”和宋朝时期的“判例”中有所体现，其他朝代更多注重对律法、律令法律内容的教学。总的来说，通过对我国古代法学教育历程的探究，能够从中认知其教育的本质、方法以及法学教育发展与国家政权和统治者意志之间的关系等内容，以此为我国

① （明）雷梦麟．读律琐言［M］//吏律：第3卷．北京：法律出版社，2013：302.

现代法学教育体系的发展提供历史借鉴。

总之，一个国家的法学教育与法学发展息息相关。在教育模式上，中国古代法学教育以学校教育为主，社会教育为辅。我国奴隶制时期就已经有了学校教育："夏曰校，殷曰序，周曰庠，学则三代共之，皆所以明人伦也。"据《礼记·学记》记载，先秦时期"古之教者，家有塾，党有庠，术有序，国有学"。秦汉以后，教育模式较为固定，称谓有所不同，但在中央和地方都设有学校，比如，中央设有国学、太学、律学馆，地方设有郡学、县学和乡学等教育机构。除了"官学"外，一些朝代"私学"也较为发达。在我国古代，法律知识的学习主要在学校教授传播。在社会教育方面，中国古代法学教育主要体现在三个方面：一是公布法律，郑国子产铸刑鼎后，公布法律为各统治者所采纳，揭开了法律的神秘面纱；二是公开行刑，如"午门斩首"和"游街示众"，使人们认识到违反法律的严重后果；三是讲读律令，出现了一些法律解释的书籍，便于吏民了解法律。这些措施在一定程度上使人民"知法""守法"，但都局限于让人民简单地知道法律。当今法学教育的学校教育主要体现在大学法学教育，对于广大人民来说，进入大学接受专门法学教育的机会是有限的，在上学初期开设相关法学课程，是十分必要的，这有利于从小培养大众的法律意识和法律思维。当下法学教育之社会教育措施是十分多样的，互联网和信息技术的发展，也为社会教育提供了诸多途径，对于"知法、懂法、守法、用法"也予以了全面重视。

在教育内容上，中国古代法学教育侧重于"法"，而忽视"学"。春秋战国时期是中国古代"学"之教育最为发达的时期，法家及其他各家对一系列法学问题进行了初步研究，如法的价值、法的本质、法的作用等。但总体来看，中国古代历代法学教育注重对现行法律的掌握，现行法典是学校教育的教科书，对现行法律的宣传是社会教育的主要内容。注释律学的兴起，在一定程度上也说明了这个问题。在法学教育中，对基本法律的掌握应该是最为基础的法学教育，而对"学"的学习探讨应该是最具有价值的法学教育，因为具体的法律是会变化的，而对隐藏在具体法律背后法学问题的探讨是永恒的。如果只有"法"的教育，难以称之为法学教育，只能称其为法律教育。反观当下法学教育，在一些方面仍然存在这一问题。在学校教育中，法学专业课程的设置大都根据现有法律的类别来设置，当现实生活中出现新的法律问题，颁布新的法律时，大学也会设立相应新的法学专业，如近几年知识产权专业的设置；法学专业的课本大都是根据现有的法典、法规来编写；学生比较喜欢刑法、民法等实用性强的专业，而不太喜欢法理学、法哲学、法律史等偏“学”的专业。在社会教育中，也往往只关注人们对具体法律规定的理解。对“学”之教育的不重视，不仅对于法学人才的培养是十分不利的，培养的人才大都只能称其为“法律工匠”，少有能称之为“法学家”；而且对于人们法律素养的真正提高是不利的。我们要吸取中国古代法学教育之教训，在法学教育中加大“学”的教育。

在教育目的上，中国古代法学教育的目的较为“功利”。在学校教育中，学习法律的主要目的是参加政府官吏选拔，学习的内容、科目、方式都和官吏的选拔制度息息相关。在社会教育中，借助人们对刑罚的恐惧而达到使人民守法之目的，如明代设“皮场庙”，悬“剥皮实草之袋”，通过严酷的刑罚，使人民不敢犯法。在一定程度上，中国古代法学教育可以说是为统治阶级服务的，维护了封建专制统治秩序。法学教育之真谛在于宣扬法律公平、正义等精神，当下法学教育虽然在这一方面取得了很大进步，但仍然存在一些问题，例如，一些高等院校把全国统一司法考试的通过情况作为衡量法学教育水平的标准，教学围绕着司法考试展开，甚至大学法学课堂成了司法考试的培训课。为了建设中国特色社会主义法治国家，全面推进依法治国，必须对这一问题予以思考和解决。

## 二、中国近代法学教育

中国近代的法学教育自 1901 年清朝末期“新政”开始到南京国民政府时期结束。我国法学教育的近代史也是国家体制、社会阶层和信仰体系转型时期的历史，该时期因我国政治、文化、经济深受西方文化思想的影响而得到迅速发展，近代法学教育也因国家体制转型、社会阶层变动、西方文化思想等综合因素的影响，不断进行发展变化。由于我国近代法学教育模式复杂多变，本书将以清末时期、南京临时政府和北京政府时期、南京国民政府时期三个不同的时期作为时间节点，分别对不同时期内的法学教育模式进行具体探究。

### （一）清末时期

清朝末期“新政”制度的开展，推动西方法学教育理念融入我国法学教育体制中，进而形成了以新式法学教育机构为载体、以西方法学教育理念为核心的近代法学教育体系。因为各地新式法学教育机构的法学教育内容并未统一，所以下面将以各地新式法学教育机构的教育内容和模式为研究视角加以论述。

**1. 京师同文馆**

1862 年，以李鸿章为代表的洋务派为培养新式人才开创了京师同文馆。京师同文馆中的教学科目最初以外国语言为主，而后不断增设其他科目。1867 年，京师同文馆开始增设公法科目，在法学教学内容上以《万国公法》为主要内容，旨在为清朝培养国际法律人才。京师同文馆公法科目的设立，成为我国近代法学教育史的开端。

**2. 天津北洋学堂**

天津北洋学堂建立于 1895 年，该学堂的法学教育已然具备现代法学教育的基本雏形。在教学形式上，天津北洋学堂专门设置律例专业；在教学内容上，律例专业涵盖英文、天文学、国富论、罗马律例、英国合同法等科目。由此可见，天津北洋学堂法学教育在内容和形式上都实现了比较系统化的发展。

**3. 直隶法政学堂**

直隶法政学堂作为清朝末期的官办高等法政教育机构，标志着我国第一所比较正规的法学院校诞生。因直隶法政学堂在教育目的上主要围绕“修律”和“预备立宪”展开，因此法学教育以在职官员为主要对象，以司法实践为教学内容，正如直隶法政学堂的教育宗旨所述：“养成专门法政学识，足资应用。①”

清朝末期的法学教育，在教学体制领域，完成了公法科目内容—律例专业—法政课堂的过渡；在教学内容领域，实现了由公法内容到多学科综合，法律理论与司法实践综合的跨越；在教学目的领域，则达成由培养公法人才向培养“修律”和“预备立宪”法律人才的转变。

### （二）南京临时政府和北京政府时期

1912—1928 年，清政府封建帝制覆灭，国家性质和政权组织形成发生重大变革，这一转变使得国家意识形态领域的内容得到重塑。在法学教育内容领域，民国初年教育部主张“文理兼修”，创立了“共同必修制度”，使得法学专业学生在学习法学科目内容的基础上，又增添了人文、社会等基本文理科目；在法学教育主体领域，临时政府教育部颁行《专门学校令》，允许私立法学院校的建立，这一政策改革推动了私立法学院校的繁荣发展；在法学教育形式领域，1912 年，民国教育部颁行《法政专门学校规程》，规定了预科和本科两类学位，其中预科修学年

---

① 徐亚文，邓达奇．“政法”：中国现代法律传统的隐性维度［J］．河北大学学报（哲学社会科学版），2011，36（05）：104.

限为一年、本科修学年限为三年，预科和本科具有衔接性，完成预科的学业才能够进入本科学习。直至1917年后，蔡元培先生对北京大学法科学位制度进行改革，实行选科制度，实现预科和选科的分离，其中预科修学年限为两年、本科修学年限为四年①。大学法学专业毕业生流向社会，从事律师和司法工作。此外，《专门学校令》的颁布，推动了私立法学院校的发展，尤其是推动了以东吴大学为代表的教会大学迅速崛起。

### （三）南京国民政府时期

我国近代史是动荡曲折的发展历史，但在这一历程中，国家政权的颠覆和重构也推动了国家政治意识、经济和文化思想的冲突与交融，为我国法学教育制度的改革和发展汇聚了诸多理念、积累了诸多有益的探索经验②。在法学教育主体上，南京国民政府通过公布《私立学校规程》，要求私立学校必须接受教育行政机关的监督和指导，后续颁布的《修正私立学校规程》中又明确规定私立学校办理不善或违背法令，主管教育行政机关要撤销其立案或令其停办。南京国民政府这一举措，一定程度上促使当时我国各院校法学教育实现规范化、统一化发展。在法学教育内容上，教育部和司法院共同负责法学教育管理，通过共同公布《司法院监督国立大学法律科规程》来规范大学法学教育的基本内容，该规程中具体指出：国立大学法律科必须学习三民主义、宪法、刑法、行政法、国际公法、政治学、经济学、社会学等内容；在法学教育形式上，南京国民政府实施学分制，大学每学年设置固定学分额度，具体规定了学年应修学分的具体标准，实现了学年制和学分制的统一。

南京国民政府时期的法学教育的特点可以分为以下两个方面：一是法学教育内容的系统性。教育部和司法院共同制定法学专业所学的基本科目，其课程内容的设置不仅仅局限于法律知识，而是通过增设社会学、政治学和经济学等学科，以此构建法律与社会学知识之间的联系性。这种法学教育内容的系统性改革，既能够培养法学专业学生的专业素质，同时又能够发展法学专业学生的综合素养。二是注重政党统治意识的灌输，大学法科教育中将“三民主义”作为课程基本内容，体现出国民政府对当时大学生“党化教育”的本质。

同时期，中央苏区的法制与教育政策体系逐步形成，1931年11月，中华苏维

① 陈同．近代中国律师群体的出现及其新知识背景的影响［J］．历史教学问题，2011，（06）：12.

② 姜朋．中国近代法学教育的源起［J］．中国法律评论，2014（04）：117-130.

埃第一次全国代表大会在瑞金召开，宣告中华苏维埃共和国成立。中华苏维埃共和国临时中央政府开始了将马克思主义教育理论运用于解决中国具体问题的伟大探索，建立起了一套有别于以往教育的制度，中央教育人民委员部展开了马克思主义教育思想中国化的艰难探索。1934 年，毛泽东在中华苏维埃第二次全国代表大会上指出，苏维埃文化教育的总方针“在于以共产主义的精神来教育广大的劳苦民众，在于使文化教育为革命战争与阶级斗争服务，在于使教育与劳动联系起来，在于使广大中国民众都成为享受文明幸福的人”，为中央苏区法制教育建设提供了重要指引。中央苏区法制教育建设取得的成就十分丰富，例如，1933 年 3 月在瑞金叶坪乡成立了马克思共产主义学校，这是中共中央党校的前身，教育为革命战争和阶级斗争服务提供保障。整体来看，中央苏区教育法制建设是党领导教育法制建设和教育事业发展的重要实践，特点鲜明，对新时代教育法治建设具有一定的启示意义。

## 三、中国当代法学教育

### （一）中华人民共和国成立后至 1977 年

中华人民共和国成立后，以马克思主义法学教育理念为主导的法学教育模式开始在我国得到确立和发展。我国马克思主义法学教育模式的发展可以从法学教育的主体、内容等方面进行具体分析。一是在法学教育主体方面，中华人民共和国成立后我国迫切需要培养一批政法人才为社会主义法治建设服务，基于此，一方面国家成立了一批以中国政法大学为代表的公办法学教育院校；另一方面国家开始针对以往的政法院校进行改造。二是在法学教育内容的改革方面，为巩固社会主义政权，各院校政法课程内容均采用马克思主义法学教育内容，由于当时我国对马克思主义法学内容的探索处于起步阶段，为此大多数院校法学教育内容多是引进国外马克思主义法学教材和法学理论，后续因受到我国法学教育对国外法学教育的机械借鉴和当时政治动荡等因素的影响，我国法学教育发展呈现逐渐式微的态势，直至 1981 年之后，我国开始正式步入探索中国特色社会主义法理学的轨道，法学教育开始真正契合我国发展实践水平，并能够为我国法治建设发展和实践提供指导和服务。

### （二） 1977 年至今

1977 年后，我国逐渐走出政治动乱的时期，经济、文化和政治等事业百废待兴，当时的社会迫切需要扭转国内局势，在政治、经济等领域开始掀起一场新的变革。在这场变革的发展过程中，我国政治、经济、文化事业都得到了跨越式的发展，符合当时我国发展国情、具有中国特色的法学教育模式也由此诞生。因此，中国当代法学教育发展的历史也成了我国特色社会主义法学教育模式初步形成和发展的历史。我国特色社会主义法学教育模式的特征主要可以从法学教育理念、内容、表现三个主要方面展开探究。

一是中国特色社会主义法学教育理念。中国特色社会主义法学教育理念包括以依法治国为核心、理论与实践相结合、实施素质教育等要点。以依法治国为核心，即我国法学教育以国家所颁布的成文法律法规为主要内容，注重对学生法治观念、法治道德、法治思维和法治实践能力的培养；理论与实践相结合，即我国法学教育在注重学生法律知识培养的基础上，同时也注重培养学生的司法实践能力，促使学生将自身所学理论知识落实到实践领域，提高解决实际问题的能力；实施素质教育，其目的是实现正义观念与自身司法实践能力培养相结合。

二是中国特色社会主义法学教育内容。1998 年，我国对法学本科专业教学内容进行重新调整，教育部按照"宽口径""厚基础"的原则，废除了传统法学专业所包含的经济法等专业，增设学生思想素质、专业素质等科目，设置十四门课程作为法学专业的统一要求。

三是中国特色社会主义法学教育表现。中国特色社会主义法学教育表现主要从法学教育体系、法学教育组织管理模式和法学教学工作开展三个角度展开：在法学教育体系领域，法学教育主体的性质既包括公办（政法院校、部分综合大学的法学专业），也包括民办（民办高等院校、民办教学机构），因此，我国开展法学教育载体的数量空前巨大，这也赋予我国公众参加法学教育更多选择性。公众既能够通过高考、自考本科和继续教育的形式进入法学专业学习，同时又能够通过法学在职培训教育的形式参加各类培训补习班等；在法学教育组织管理模式领域，我国高等院校本科教育一般实施学分制和选课制度，要求法学生在固定学年修满学校规定的学分；在法学教学工作开展领域，我国不断针对法学教育的教学方法进行创新和探索，虽然各地高校法学教育工作具体运用方法不同，但这种不断创新和发展的态势，总体上推动了我国法学教育质量的提升。

同时，我国当代法学教育也暴露出一些问题：一方面，法学教育的目标从问世之初就分化成两个方面，法学教育是成为一种培养国民素质而教授法学理论和系统性法律知识的通识性教育，还是成为培养未来的法官、检察官、律师等法律从业者的职业性教育，这恰好反映出法学教育学术研究性和职业培训性的双重对立属性，并由此形成了不同的法学教育理论、目标和方式。事实上，有人质疑我国当代法学教育的理论性以及其在人文教育中的正当性时，无疑触动到了我国法学教育中最敏感的神经（也是其最为薄弱的环节），迫使法学教育者坚定了丰富法学理论基础、加强法学教育学术研究的信念①。当社会舆论批判法学脱离了社会实际、是“漂浮于云层上”的学科时，教育学者又强调法学教育的职业性和实践性。可以说，法学职业性和学术性的分化是法学教育路上的一大阻碍，常常顾此失彼。大多数法学院校对传统理论课程的评价标准还停留在单纯依靠考试成绩的阶段。单一的评价方式只能片面地检测到学生理论知识的掌握情况，很难引导学生掌握未来从业过程所应具备的职业技能。也正是由于法学教育的双重属性使得实践教学课程的运行也存在同样的问题，法学实践课程因为开展难度大往往被忽视，即使设置了校内诊所或者校外实习，依靠监督教师主观意见评分的方式还是难以实现竞争的评估方法所具备的公平可靠性。另一方面，学法律的人通常法制观念比较强，保守性太强，容易固步自封，产生教条主义，过分强调法律，可能就会阻碍改革，但是要改革又离不开法律。所以法律学科培养的局限性很大，如果不夹杂一些其他的思维，如政治学、经济学、社会学等方面的思维，就会变得很保守。此外，受我国高等法学教育招生人数急剧扩张的影响，许多高校法学课程教学模式是以 100 人左右甚至更多的人数，学生与老师无法实现互动，容易造成机械性“听与讲”的局面。罗索夫斯基认为：核心课程构建的目的是鼓励学生用批判的态度来接受知识，使他们了解在一定领域，存在什么知识，这些知识是如何创造出来的，又如何被应用，并且对他们有什么意义。而我国法学专业课程设置受学分和学时的限制，往往将一门完整的专业基础课肢解为几门相关连续的课程，比如，民法受制于学时的影响被分为民法学原理必修课程和物权法、债法等选修课，民事诉讼法也常会被分为一门必修的民事诉讼法和两门选修课——民事证据、民事执行，学生在选课过程中具有盲目性甚至是功利性，一般多考虑考试方式是闭卷还是开卷等因素而忽略了专业基础知识的连贯性。这非常不利于法学思维的整体培养。目前法学学科教授内容主要是现行部门法规定的概念、理论，很难培养学生的法学悟性、法律思维。

---

① 刘少军，马玉婷．中国当代法学教育再思考［J］．淮南师范学院学报，2018，20（02）：1-4.

# 第二节　中国法学教育的价值

法学教育作为我国法治工程的重要组成部分，不仅能够为我国培养专业法律从业人员，使其为维护我国法治社会的正常运转服务，同时也能够提高国民的法律素养，推动我国法治建设高质量发展。法学教育在当前制度框架下不断培养契合时代需求的法律人才，而这些法律人才通过参与新时代的法律实践，将能够推动我国法律制度的持续创新，从而使得我国法律制度不断得到更新和完善，以此紧跟时代步伐，以循环奋进的姿态为中国法治建设的顺利推进做出贡献。具体而言，维护国家法律治理体系的正常运转则需要法律人才的持续供给。法学教育通过对法律人才的培养，实现对法律知识的传递，法律人才在参与社会实践的进程中，能够通过发挥主观能动性，满足国家法治建设领域的各项需求，并推动我国法学制度的完善和发展，从而释放我国法学教育的价值。一般而言，我国法学教育的价值可以从四个领域来展开叙述，即基础价值、操作价值、人文价值和终极价值。四类基本价值彼此之间互相渗透、交叉，共同彰显我国法学教育价值的完整内涵。

## 一、法学教育的基础价值

法学教育的基础价值因其自身所具有的“基础性”特点，而往往能够从法学教育中直接体现出来，作为法学教育最具直观性的价值展现①。在法学教育基础价值的表现上，其价值主要体现在法学教育者在进行法律知识的传递过程中，通过对法律知识的汲取，能够发挥自身主观能动性，实现对法学知识的内化、实践、发展和创新。

第一，对知识的内化。我国特色社会主义法学教育是契合我国发展现状、能够为我国社会法治建设供给所需人才的教育模式。法学教育普遍以各高校为载体，传递法律知识和法律道德观念等内容。通过对各类法律知识、法律实务能力和法律道德观念等理论的学习，能够使其内化为自身的法学专业素养。在对法学知识内化的整体过程中，在宏观角度领域，法学教育实现对各类法律知识和理论的传

① 李兵．应用型本科高校法学教育内涵式发展路径探析［J］．湖北开放职业学院学报，2024，37（08）：27-29+32.

承和弘扬，为推动我国法治文化的接续发展奠定了人才基础；在微观角度领域，对知识的内化，使其自身能够掌握法律专业知识、理论和技能，从而提升自身在社会实践过程中的价值表现。

第二，对知识的实践。法律在社会治理中发挥作用需要具有法律知识和法律实务能力的群体，开展法律实践进行实现。法律实践具体包括立法、司法、执法和守法四类基本内容，通过将自身法学专业素养和法律实务能力应用到立法、司法、执法和守法的整体实践过程中，不仅能够更好地满足社会秩序正常运转的需要，保障社会的和谐稳定发展，还能够整体推进我国的法治化进程，以此来发挥法律在社会治理中的突出价值。

第三，对知识的发展。我国作为以马克思主义为指导思想的社会主义国家，改革开放以来，我国就开始摒弃传统法学教育机械照搬国外模式的老路，而是走上自主探索契合我国国情的法学教育模式的新路，形成了中国特色法学教育模式。将以马克思主义为指导思想的我国特色法学教育模式作为参考，不断吸收我国法治文化建设、法治理论建设过程中的创新理论成果和发展实践经验，使得自身能够与时俱进，不断契合时代发展的新需求。我国特色法学教育模式所培养的法律人才，继承了以往我国法学教育模式的全部优势成果，又能够将法律知识应用到新的社会生活实践领域，通过实践对以往自身所接受的法学教育、法学知识理论或法律实务能力等进行检验，以此来辨别自身所学法律知识理论能否契合当下社会法治治理实践的需求，探究目前我国法学教育、法学知识理论中的薄弱点，从而不断调整和优化我国法学教育模式和法学知识理论，推动我国特色法学教育模式不断向前发展。

第四，对知识的创新。创新能够为发展创造条件，对法律知识的创新一般可从两个主要方面进行阐述：其一，通过各种形式或渠道参与国内外法律文化交流，在交流过程中探索国内法律的优势性和独特性，再通过将国外法律知识进行改造，使其契合我国发展国情，以此实现对国外先进法律文化的中国化、本土化创新；其二，能够从生活实践中找寻法律遗漏或缺陷部分，在法律空白领域进行法律创新。例如，针对互联网犯罪的罪名规定和惩罚、针对“抢夺公交车方向盘”的罪名规定和具体惩罚细则等。

## 二、法学教育的操作价值

法学教育的操作价值集中体现在“操作”属性中，以操作为载体，操作价值即在进行法律实务的实践过程中所表现出的价值性，它一方面体现为自身的法律技能，如律师辩护、司法审判等；另一方面体现法律思维能力和思维方式。法律技能作为在处理法律实务过程中的"工具"，能够使得在符合法律要求和各项规范的基础上，完成法律实务工作。法律思维作为指导处理法律实务的"大脑"，是一种意识，能够指导法律实务实践，使其标准性、规范性和效率性地完成法律实务工作。为此，下面将结合法律思维能力和法律技能两个主要方面探究法学教育的操作价值。

法律思维能力。法律思维能力的形成是多元因素综合作用的结果，法学教育一方面通过对受教育主体进行各类法律知识、法律道德观念等内容的教育，受教育者将各类法律知识和法律道德内化为自身的法律观念和法律意识，以此构成受教育者法学思维能力的形成基础；另一方面，法学教育通过模拟法院判决、模拟律师辩护等方式，为受教育主体创设可供其实践的空间场景，受教育主体在各类客观因素的刺激下，能够调动法律观念和法律意识，运用自身所学的各类法律知识来处理各项法律实务，在这种实践的过程中，能够不断提升和优化受教育主体的意识和思维能力，最终形成法律思维。由此可见，法律思维能力的形成，是受教育者在接受法学教育过程中，在对各类知识文化学习和实践技能的训练过程中，所形成的一整套完整且具有相对固定性的思维模式。法律思维能力作为隐性价值能力，一般需要通过受教育主体的实践来进行表现，并且法律思维能力相对于其他思维能力而言，具有自身的特殊性。法律思维能力需要在一定主客观条件满足的情况下才能够得以体现，它要求受教育主体在客观现实因素的刺激下，产生法律意识，运转法律思维。法律思维的形成包含着法律知识、理论和法律道德等因素，它能够指导受教育者开展具体实践，从而在符合法律规范的基础上正确、合理、有效地处理法律实务。

法律技能。法律技能是受法学教育主体所具备的处理法律实务的各项技术、能力的总称。法律技能的形成既依靠法学教育通过课堂知识传授和实践模拟来帮助学生获取法律技能，又来源于法学生在参与社会法治实践的过程中所积累的各项经验和技巧，其中前者作为法学生法律技能最为直接的来源，是法学生能够参与法律实务工作的基础，对法学生法律技能的形成至关重要，但后者往往是从实践中所获取的第一手经验，往往更具实践意义。从目前我国法学教育主体对学生所开展的法律技能教育来看，相对法律实务工作而言，政法院校和综合类大学所开创的法学专业普遍注重知识和理论的传授，在法律技能训练领域因主客观条件因素的限制，难以取得理想的训练效果①。为此，我国后续所开展的法学教育应当运用“互联网+”等技术手段，打造更契合社会实际、更有助于学生法律技能培养的教学场景和教学模式。

## 三、法学教育的人文价值

法学教育本质上是以人为本的教育活动，我们可以将其具体概括为：法学教育以充分考虑和尊重人类本性为前提，以我国教育事业育人目标为主要遵循，贯彻以人为本的发展理念，将专业技能素养与道德品质素养共同发展作为人才培养目标，以此来推动我国法律事业的高质量发展。法学教育的人文价值既体现在法学教育对人的全面发展领域所产生的价值属性，也包括其在培养法律职业主体领域所产生的价值属性，更体现法学教育在推动我国现代化法治建设中的价值属性。

其一，人的全面发展。实施法学教育，既能够为维护社会稳定和维护国家内部各项规则的正常运转服务，同时又因为法学教育作为教育活动的一种，它在传授受教育主体各类法律知识和理论的过程中，更强调以人的全面发展为核心目标。首先，法学教育能够锻炼和提升学生的思维能力，法学作为一门涉及逻辑思维能力、事件分析能力、辩论能力等综合能力培养的学科体系，它能够指导学生运用法学思维模式和思维方法去解决各类实际问题，从而使得学生自身的思考、判断和辨别能力得到提升；其次，法学教育不仅注重学生法学理论和司法实践能力的培养，同时还注重学生法律道德观念和马克思主义理论价值观念的培养，从而有助于学生树立坚定的理想信念，具备一定的法律职业道德和社会责任感，引导学生将自身个体价值的实现与社会集体价值的实现结合起来，为推动社会法治化进程服务；最后，法学教育还有助于激发学生的才能和志趣。法学教育能够激发学生深度学习和探索法学理论的兴趣，能够不断提升自身在法律领域的专业素养和竞争力。

其二，培养法律职业主体。法律职业主体概念是契合社会法律职业需求的人才统称。法律职业主体既需要具备扎实的法律职业知识和法律职业技能，又需要良好的职业道德规范，更重要的一点是法律职业主体的从业意识，即法律职业主体能够积极运用自身的法律职业能力和法律职业技能为我国法治建设服务。法学

① 何跃军，陈淋淋，何雨泽．法学教育理论与实践脱节论的三重逻辑反思［J］．宁波大学学报（教育科学版），2024，46（02）：38-46.

教育在培养法学职业主体的进程中具有不可或缺的重要价值：首先，在培养学生的法律职业知识和法律职业技能方面，法学教育主体能够通过系统规划教学内容和教学课程安排，实现对学生法律职业知识的传授，以此来帮助法律职业主体在法律实务工作中准确合理地运用法律知识解决问题；其次，在培养学生的职业道德规范方面，法学教育通过引导学生树立正确的职业观念，使其养成良好的职业道德和修养，从而推动我国各项法律实务工作的开展能够实现最大限度的公平正义；最后，在法律职业主体的从业意识方面，法学教育通过有意识地引导学生的就业价值观念、使其具备直面现实和改造社会不良现象的理想信念，坚定践行社会主义核心价值观，以此来凝聚全社会法律职业主体的共识，共同为建成高质量的法治社会贡献力量。

其三，推动我国现代化法治建设。我国司法实践活动和司法体系的正常运转需要法律角色发挥作用，法律角色素质的高低直接决定我国司法实践活动的优劣，进而影响我国社会法治建设成果。而我国法学教育通过提高教育水平和教学质量，向社会输送高质量法律职业人才，以此来提高我国司法实践活动的质量和效率，最终为我国现代化法治建设服务。

## 四、法学教育的终极价值

法学教育的终极价值作为国民法律信仰的形成，是在充分发挥法学教育基础性价值、操作性价值和人文性价值的基础上，使得受教育主体在主观上产生对法律的自觉认同、自觉遵守和自觉维护的状态。这种状态在受教育主体后续的法律实务工作实践中会不断得到强化和发展，从而使得这种主观上的自觉性内化为一种精神信仰。基于此，我国法学教育的终极价值可以从维护我国特色社会主义发展成果、拓展我国法律的公信力和权威性的覆盖范围、国民法律意识的全面提升三个主要方面来具体阐述。

一是维护我国特色社会主义发展成果。我国法学教育体系以马克思主义法学为基本理念，是在汲取国内外先进法学教育经验和传统法学教育发展成果的基础上，所探究出的契合我国基本国情、中国特色社会主义国家总要求的中国化、特色化、本土化的教育体系。法律作为国家上层建筑的重要组成部分，如果其内容与国家发展水平和政权组织形式相契合，就会推动我国法治建设的发展，反之将会对国家发展造成阻碍，不利于国家发展甚至会破坏国家政权组织形式。而要使得我国法律契合国家发展需求，就需要不断创新和发展我国法律的内容，使得我国社会发展水平每前进一步，法学教育也跟进一步，以此确保法学教育所培养的法学人才能够契合时代的发展需求，法学人才的法律思维能力和法律知识能够服务我国特色社会主义的发展成果。以我国社会主义市场经济的特色经济模式为例，我国所制定的经济法，能够通过规范市场秩序、营造良好营商环境、优化市场资源配置等来为我国社会主义市场经济的发展服务，在这一过程中，需要法律人才贯彻落实各项法律规范。法律人才在法律信仰的指引下，能够通过处理法律实务工作来实现对社会主义市场经济发展成果的维护，同时又能够在法律工作中积极探索更好地服务社会主义市场经济发展成果的法律技能和法律思维模式①。

二是拓展我国法律的公信力和权威力的覆盖范围。我国法律的公信力和权威力覆盖范围的拓展并不直接意味着受法学教育国民占比的提升，而是表现为国民法律信仰的提升。简而言之，法律的公信力和权威力覆盖范围的拓展更体现在受教育的“质”上，而不是体现在受教育的“量”上。受教育主体形成法律信仰后，会依照法律规范和法律内容处理各项事务，从而避免其他不良因素的干扰。他们在处理事务的过程中，能够展现出法律价值的优越性，对周围环境产生辐射影响，形成普遍认同法律价值的氛围，有益于拓宽法律公信力和权威力的覆盖范围。

三是国民法律意识的全面提升。国民法律意识的全面提升既体现在国民自觉维护法律、积极守法领域，又体现在国民积极行使自身权利领域。国民法律信仰的形成，能够推动国民法律意识的全面提升，转变传统法律为特权服务的扭曲概念，建立认同、遵守和运用法律的意识。法学教育应以法律信仰为核心，培养具有法律信仰的法学人才，以法学人才带动社会形成人人知法、人人守法、人人用法的局面。

## 第三节　我国法学教育思想

在我国法学教育的发展历史中，涌现了诸多法学教育人才，虽然受限于当时的政治、社会和文化背景，导致他们的法学教育思想难以契合现代我国法学教育的总体要求，但以历史的角度来审视他们法学教育思想的提出，无疑为我国法学

---

① 段君尚，赵振龙．新文科背景下法学本科教育的双重优化策略——以山东大学为例［J］．山东高等教育，2024，（01）：53-59+90.

教育的发展做出了巨大贡献。

## 一、沈家本的法学教育思想

沈家本，字子惇，号寄簃，是晚清时期著名法学家，公认的法学泰斗，被誉为“中国近代法学之父”“中国法律史的奠基人”，在法理学、刑法学、法学教育等研究领域都做出了重要贡献。沈家本从 1902 年奉命修律，一直到 1911 年清政府倾覆。沈家本主持晚清法律改革的经历，是他将毕生所学用于实现法治救国抱负的实践。他在修律中有着融合中西的高度理论自觉和强烈的使命感。这十多年是他一生中最为高光的时期，他由此得以青史留名，成为后世研究中国法律发展史时必须解读的关键人物。在沈家本的追悼会上，一条“法治导先河巨典修成笔风霜难易字，作人开广厦宗工逮杳手栽桃李未成”的挽联是对他法治改革实践的生动概括。沈家本修律的过程充满着矛盾和斗争，既和传统的礼治做斗争，也和专制主义制度形成的人治做斗争。他没有留学背景，知识储备也大都集中在传统律学领域，却对西方法学表现出极为开放的心态，他在立法上处处站在人的温热面，注重人道主义。在礼法之争中，即使困难重重，他依旧脚踏实地推动法律乃至整个社会的进步①。沈家本是一位公认的律学专家，领导了一场针对旧律的翻天覆地的改革。这场改革使得运行了两千余年的旧律走到了尽头，从此数以亿计的中国人得以生活在现代法律体系中。有人评价二十世纪初期的中国法律改革，是三十年来的中国法与中国法的历史脱了节，和中国社会的现实也不符合。从结果论的角度来看，这种说法似乎并无不妥。但在当时的社会环境下，沈家本在朝堂上一人面对礼教派群臣据理力争时，他的身上闪烁着一个法律人特有的光芒。虽然受制于时局最终以妥协告终，但他的奉献和功绩是值得景仰和铭记的。

总之，沈家本作为我国近代法学的主要代表人物，在清末法制改革中做出了杰出贡献。沈家本在“会通中西”的精神指导下②，研究中国传统法律和西方法律，通过创办京师法律学堂和法学会，引入西方法学教育模式，从而使得传统律学教育转变为近代法学教育。沈家本的法学教育思想具体能够从以下几个方面进行叙述。

### （一）调整法学教育政策

清末时期，“新政”的实施加速了中西方文化的交流，我国开始在政治、经

---

① 严驰．沈家本法律思想探析［J］．东南大学学报（哲学社会科学版），2023，25（S1）：57-60.

② “会通中西”强调在治学方法领域应该具备国际视野，能够融会贯通中外文化。

济、文化、教育等领域进行改革。1905 年，清政府结束了在我国延续了一千多年的科举制度，借鉴西方教育模式，建立了主管各地教育事业发展的学部，推动我国教育管理机构率先实现近代化。学部的建立对我国近代教育政策、办学主体、教学模式和教学内容的革新具有主要指导和支撑功能。近代化法学教育政策的调整以学部为载体，以沈家本为领导核心，打破了传统清政府垄断的法学教育模式，构建了多元化的法学教育体系。在法学教育办学主体领域，沈家本通过改革法学教育政策，改变了清政府垄断法学教育的局面，允许并鼓励各地开办法学教育机构①。在沈家本对教育政策改革的背景下，各地开始兴办法学教育机构，法学教育机构的性质呈现多元化的发展趋势，其性质具体可分为公办、私办和公私合办三类。公办法学教育机构则以京师法律学堂为代表；私办法学教育机构则主要可以分为两种，一类是以绍兴私立法政学堂为代表的民间法律学堂；另一类是以东吴大学为代表的教会大学；公私合办的法学教育机构则以西方学斋为主要代表。由此可见，沈家本通过教育政策改革，开放了各地办学主体的权限，推动了清晚时期法学教育机构的迅猛发展，形成了法学教育机构多元并存的格局。在法学教育形式领域，沈家本在对比英美法系教育模式和日本法系教育模式后，认为日本法系教育模式更契合清政府发展需求，为此，沈家本在教育政策中主张运用日本的法学教育模式。虽然该时期的部分教会大学和民办法学教育机构采用英美法系教育模式或法国法系教育模式，但官办法学教育机构统一采用日本法学教育模式；在教学层次上，法学教育可分为法政分科大学的法律科、高等学堂和法政学堂正科，通过教学层次的划分，满足了社会对不同法律人才的需求。

### （二）兴办京师法律学堂，发展法学教育

前文提及晚清法学教育模式的变革以法律学堂的建立为主要特征。京师法律学堂的构建实现了对古代法学教育内容、师资和课程等领域的创新。首先是法学教育内容的创新。清朝末期，作为修律大臣的沈家本通过对传统法律体系的修订和对西方法律内容的吸收，构建了我国近代法律体系。新的法律体系需要新型法律人才巩固和维护，为此，建立新的法学教育体系，培养新型法律人才成为京师法律学堂教育内容改革的重点。其次是师资力量的创新。沈家本建立新式的法学教育模式后，律法大臣和律法学究等传统的师资力量，难以满足新型法律人才的需求，于是，沈家本开始聘请日本、欧美、法国等国家的法律修订顾问，使其作

① 陈新宇．法律转型的因应之道——沈家本与晚清刑律变迁［J］．现代法学，2021，43（02）：3-17.

为新的法学教育体系的师资力量，为培养新型法律人才服务。最后是法学教育的课程创新。沈家本对法学课程的安排既包括清朝传统律法知识内容（《大清律例》《大明律》等），也包括国外法律内容（国际私法、外国文等），沈家本对各年级课程安排遵循了循序渐进的发展规律，同时兼顾法律理论和法律实践两个主要方面。此外，京师法律学堂的建立为当时国内其他法律学堂的建立树立了典范，各地纷纷掀起一股兴办法律学堂的热潮，该时期法学生的数量也得到大幅提升。

### （三）翻译西方法学著作

清朝末期，沈家本深刻认识到西方法学著作的重要价值，开始主持翻译大量西方法学著作。沈家本对西方法学著作的翻译一方面为我国近代法学学科的发展奠定了基础，另一方面也为新式法学教育提供了丰富的教材，弥补了当时本土法律教材的空缺。此外，沈家本还派出留学生学习国外的先进法学内容和教育模式，使其归国后以翻译西方法学著作或担任法律学堂教员的形式，为我国近代法学教育的发展做出贡献。

### （四）改良监狱，提倡司法独立

在日本法学专家的影响下，沈家本吸纳了他们的西方监狱学精神，他认为监狱的作用是"感化人而非苦忍辱人者也"，严厉的刑罚虽然可以惩罚犯罪人的过往，但是"难望湔祓于将来"①。因此，沈家本主张通过对罪犯的感化教育、对官吏的专门培养、对监狱的改建和规制，把中国监狱制度推向现代化。1907年，沈家本在调查日本裁判监狱的奏疏中首次提出"司法独立"的观点。过于超前的理念往往不被世人所理解，沈家本之后通过古今、中西对比的形式来论证司法独立的精神古已有之，引起了群臣的讥讽。沈家本认为西方宪政起初都是来自司法独立，主张形成立法、行政、司法三权分立的格局。他的思想中体现了分权以保障人权的近代法治理论，与"立法、司法界限不明，权力掌握在统治者一人手中"的传统思想划清了界限。官职改革后，刑部改为法部，专任司法。大理寺改为大理院，专任审判。在因为司法权力划分不明确而导致的刑部和大理院之争中，沈家本力主裁判权的独立。他认为司法独立的思想，应当包括法部和大理院各自的职权独立。虽然两者同属司法之机关，但法部是司法行政部门，"只能监督裁判，处理其司法上之行政事务，不能干涉其裁判权"。大理院才是审判机构，具有最高的审判权。

综上所述，沈家本的法律思想中融合了他毕生所学。他信奉"古"，固守

---

① 唐自斌．沈家本与清末的法律修订［J］．求索，1992（5）：3.

“古”。他对中国传统法律视若珍宝，认为“各国法律之精意固不能出中律之范围”。沈家本的“法治”理想从一开始可能就注定无法通过他的努力去达成。因为他试图调和中西，他的法律改革方法和政治革命是脱节的，并不能彻底地实现近代化。总体而言，沈家本的法治改革思想并不纯粹，他的外在是求新，内核却还是守旧，这也导致了他法治现代化计划的流产。从他的失败经历中可以看出他的本意是好的，只是在命运的裹挟下走上了一条无法通向成功的路。从悲观的角度来说，沈家本主持的清末修律工作是清朝政府当权者用来巩固政治统治的工具，自始就不具备真正实现的可能性。因缘际会下承担起这一重大历史使命的沈家本，可能自始就不具备真正开拓中国法律现代化之路的能力。沈家本多年中国传统文化的知识储存很难在短时间内被彻底推翻重建，他的思想中带有更强的不彻底性，不像杨度的“进化论”那样彻底。但是，仅凭他所推行的法治现代化没有真正成功，就否定他的功绩和付出未免太过武断。沈家本修律的过程不是盲目地奉旨行事，在当时的情况下，他选择的道路并非固守中国传统法治的老路。换种角度来看，沈家本采取了较为温和的改革手段又何尝不是为了处在清廷能够接受的范围之内，使改革能够减少阻力，平稳推行。从结果来看，在一定程度上他确实实现了法律近代化。沈家本之所以会失败，是因为清朝末期的政治、经济、文化都无法容忍一种直接威胁其生存的法律制度在中国立足。在这个观念仍旧腐朽、思想未曾真正启蒙的社会，要想“高楼平地起”无疑是“痴人说梦”。所以说沈家本只是败给了那个时代，他已经完成了自己的使命。他敲响了传统礼治的丧钟，废弃了千年以来传承的传统法律制度，带来了中国法律由古至今的改变。

## 二、董必武的法学教育思想

董必武是中国共产党第一代领导集体成员，曾在东京私立日本大学学习法律，在日本接受孙中山先生的号召，参加中华革命党，随后在俄国十月革命和五四运动的影响下，开始深度接触马克思主义，加入中国共产党。董必武在长期的革命斗争和法治建设的实践中，形成了自身的法学教育思想体系，为我国当代法学教育的发展做出了突出贡献。董必武法学教育思想的显著特征主要体现在政法教育思想、自主探索法学教育模式、全民守法教育和教育形式四个主要领域。

### （一）政法教育思想

政法结合教育作为董必武法学教育思想的突出特征，其政法结合中的“政”（政治或政权）和“法”在教育中所占的比重，因革命形式和时代发展背景不同，从而呈现出不同的比重差异①。在抗日战争时期和新民主主义革命时期，董必武深刻审视了当时的政治环境，深受列宁革命思想的影响，认为夺取和巩固国家政权才能够解决革命问题，为此，他在法学教育领域始终坚持以政权为中心，围绕夺取政权和稳固政权，对民众开展民权、民主和宪法教育。因此，在抗日战争时期和新民主主义革命时期，政权在董必武政法教育思想中占据主导位置，法学教育成为以实现政权为核心目标的工具，从属于政权巩固和夺取的需要。中华人民共和国成立后，董必武深入分析了国家政权与国家上层建筑之间的关系，指出法学教育应该坚决贯彻马克思列宁主义（以下简称"马列主义"）和毛泽东思想，使得法学教育能够契合国家发展的指导思想，更好地为满足国家发展和建设的需求服务。同时，董必武进一步指出，法学教育的直接目的是巩固人民民主专政，即通过法学教育来教育群众、发动群众、组织群众，为巩固和发展人民民主政权而斗争。教育部充分采纳了董必武的法学教育思想，颁布了《法学院、法律系课程草案》，规定法律系的任务是：为巩固人民民主专政，适应国家建设的需要以及社会发展之前景，以《共同纲领》为基础，以毛泽东思想为指导，培养了解当前政策法令及新法学、为人民服务的法律工作干部。由此可见，中华人民共和国成立后，董必武仍然注重政权与法学教育的联系性，注重从政权角度来分析法学教育的价值，该时期董必武政法教育思想仍然注重维护和稳固政权的重要价值，同时又注重发展马克思主义法治教育，形成了"政""法"并重的法学教育思想。

### （二）自主探索法学教育模式

中华人民共和国成立初期，我国法学教育建设处于起步阶段，而国内马克思主义法学教育模式已然取得一定的发展成果，为此我国开始借鉴国外马克思主义法学教育的内容、模式。然而，这种对国外法学教育模式的盲目照搬严重阻碍了我国法学教育的发展水平。1954 年，以董必武为代表的法学教育研究者，开始尝试探索契合我国国情的法学教育模式，虽然该时期我国特色社会主义法学教育模式尚未形成，但董必武对盲目照搬国外法学教育模式的批判以及对符合我国国情的法学教育模式的探索为我国特色社会主义法学教育模式发出了先声。

### （三）全民守法教育

董必武认为，国民遵守法律的前提就需要充分认知和理解法律的严肃性和权

---

① 陈泽平，孙丽岩．论董必武法学思想与中国特色社会主义法治理论的内在联系［J］．福建广播电视大学学报，2018（03）：44-48.

威性，为此，他提出全民守法教育的法学教育思想[①]。全民守法教育因受教育主体身份的不同，董必武率先从国家机关人员、党员和司法工作人员开始入手，在中国共产党第八次全国代表大会重点指出："有少数党员和国家工作人员，对于国家的法制有不重视或不遵守的现象，这是一个严重的问题。"因此，他在全民守法教育中要求首先对国家机关人员、党员和司法工作人员进行针对性教育。

### （四）教育形式

董必武全民守法教育思想的实施通过多元的教育形式来实现。董必武分别针对不同的人群，实施了分层化教育形式。首先是针对司法人员的法学教育，董必武主张通过创建政法干校、轮训班和中等政法学校等形式要求我国司法人员接受此类法学教育教学主体的改造和培养[②]。其次是针对新型专业化法学人才的培养，董必武主张通过开展高等法学教育、推进法学研究等形式为国家培养优秀新型专业化法学人才；最后是多种形式的全民普法教育，董必武主张通过在中学设宪法教师、开创函授、夜大和工人政法学校等方式使得工人、学生甚至罪犯都能够参加法学教育。由此可见，董必武的法学教育覆盖范围广、层次分明，契合中华人民共和国成立之初的社会发展需求，为我国后续法学教育的发展做出巨大贡献。

## 三、李达的法学思想

李达是我国著名的马克思主义理论家，也是一位马克思主义法学家。他的法学思想内容十分丰富，除了20世纪20年代涉及少许劳动立法思想外，主要包括法理学思想、宪法思想和法学教育思想，三者形成了一个逻辑严密的整体，其中，法理学思想是他主要的法学思想，涉及法理学学科体系的构建和法的本体问题、法与相关社会现象的关系等内容。宪法思想是李达法学基本理论在宪法领域的具体化，是李达关于法学基本理论的应用与发展，涉及宪法的概念和性质、国家制度、宪法实施等宪法基本问题。法学教育思想是李达在讲授法学课程、解读、宣传宪法的过程中形成的，他强调法学教育不仅要坚持马克思主义的指导，而且必须与实际相结合。李达的法学思想是当代中国全面依法治国的重要法治依据。李达作为我国特色社会主义法学教育的奠基者、开创者，其法学教育思想论证了中

① 秦璇．董必武法学教育思想探究［D］．首都师范大学，2008：7.

② 曹月梅．新时期董必武法律思想的现实意义［J］．赤峰学院学报（汉文哲学社会科学版），2016，37（06）：119-121.

国法学教育思想要体现中国特色、反映中国实际的必要性，具有重要的历史意义①。本书将结合李达法学教育思想的内容分析其法学教育如何体现中国特色、如何反映中国实际。

一是法学教育与马克思主义指导思想融合。李达认为加强意识形态领域教学工作，坚持运用马列主义和毛泽东思想指导学术以及教学工作，将能够提高法学教育的质量。为此，李达开始将马列主义和毛泽东思想融入法学教育工作中，一方面组建专门的马列主义教学研究室，为马列主义融入法学教育工作中做好前期准备工作；另一方面创建马列主义夜大，针对党员干部等人员的意识形态领域进行教学工作。此外，李达还经常在全国各地范围内进行马列主义和毛泽东思想的宣传、举办一系列政治报告和学术讲座。李达从湖南大学入手，废除了国民党时期的教学制度、体系和内容，主张以培养新观念的方式，使得政治教育无形渗透到法学教育中。

二是具有中国特色的法理学教学。在当时国内盲目照搬国外法理学教材内容的背景下，李达主张法理学研究应该体现中国特色、反映中国实际，从而使得受教育主体能够认识到法律的基本原理以及法律和世界之间的关系，为此，李达开展了中国特色法理学内容的研究。一方面，李达将马克思主义理论体系融入法理学研究中，运用马克思主义基本原理来阐述我国具体的法学理论和法学问题，厘清了法理学的研究范围，出版了我国第一本马克思主义法理学著作《法理学大纲》，为我国马克思主义法理学的发展开了先河；另一方面，《法理学大纲》在内容上既吸纳了西方法理学历史发展的重要经验，分析了西方法理学的优势和局限性，同时又重点结合当时我国社会的实际情况，以马克思主义基本原理为重要遵循，对法的本质、类型和功能等进行一系列探究。

三是重视师资队伍建设。李达认为师资力量因素作为影响法学教育工作质量的重要指标，指出当时教学质量的提高与师资水平的不匹配成为制约我国法学教育工作质量的因素。为此，李达对教师的教学水平提出新的要求，并通过一系列措施扩充教师群体。一方面，李达指出教师教学质量的提升是一个长期的过程，主张在教学实践中提高教师的工作水平，同时又向社会招募专业顶尖教授，使其发挥辐射带动作用，推动法学学科教师工作高质量的发展；另一方面，李达要求

---

① 蔡诗敏．李达法学思想的形成发展轨迹［J］．湖北民族学院学报（哲学社会科学版），2017，35（01）：158-163.

教师必须兼具马列主义基本素养和优秀的法学教育工作能力，这一做法为马列主义和毛泽东思想融入法学教育工作中发挥了人才的支撑作用。

四是以教学为中心推动法学教学改革。李达重点指出教学工作是高等教育的核心工作，要求行政工作人员牢牢地确立一切工作围绕教学工作的意识。在具体落实以教学为中心的法学教学改革领域，李达一方面坚持将国外先进教育经验融入我国教学工作的具体实践中，对教学内容进行符合我国国情、反映我国特色的创新改革，以教学内容为核心来制定相匹配的教学大纲和教学计划；另一方面他十分注重学术交流平台的建设，主张教师和学生积极交流学术成果，以此实现对教学内容的巩固和对我国法学教育工作的延伸。

李达的法学思想是在世界无产阶级革命时代中，在探寻救亡图存出路，追求民族独立、人民解放和国家富强的过程中逐渐形成的，是法治中国建设进程中一枚绚烂的瑰宝，是今天全面依法治国极其重要的法治资源，对法治中国建设具有极大的现实启示意义，也为法学本科教育指明了方向①。

第一，加强马克思主义法学理论的研究。先进的理论是推进法治建设的基础。李达对法律问题的研究是深刻的，对法的概念及其本质、法的内容与形式、法与国家、法与道德的关系等基本法学理论问题均运用马克思主义基本立场、基本理论基本方法进行了系统的分析，并将之运用于宪法领域，对宪法的一系列理论问题进行了科学的阐述，奠定了中国特色马克思主义法治理论的基础。今天的法治建设，需要李达这样的理论家，更需要如他一样对法学理论研究的那份热爱和执着。

第二，坚持唯物辩证法和唯物史观的指导。习近平总书记曾强调推进全面建成小康社会、全面深化改革、全面依法治国、全面从严治党，实现“两个一百年”奋斗目标、实现中华民族伟大复兴的中国梦，必须不断接受马克思主义哲学智慧的滋养，自觉坚持运用唯物辩证法和唯物史观的世界观以及方法论。李达法学思想最突出的特点便是坚持唯物辩证法和唯物史观的指导，他是运用这种世界观和方法论系统地研究法律问题的第一人，为我们提供了成功示范。

第三，增强公民的法治意识。李达在宣传、研究宪法的过程中，为了保障宪法的实施和依宪执政的实现，尤其注重对公民宪法意识的培养。今天的法治建设，

① 杨传涛．论李达对马克思主义法学中国化的贡献［J］．内蒙古农业大学学报（社会科学版），2012，14（01）：263-264+314.

面临部分社会成员法治意识淡薄的问题，必须着力提升人们的法治意识，坚持把全民普法和守法作为依法治国的长期基础性工作，深入开展法治宣传教育。

## 四、江平的法学思想

江平作为我国著名法学家和法学教育家，创造性地提出了一系列民商法理论观念，为我国现代民商法理论的建立做出了巨大贡献。作为一名法学教育家，江平在法学教育领域的研究也推动我国特色法学教育事业进一步走向成熟。江平在法学教育领域进行的创新，具体可以分为以下几个方面。

第一，法学教育的自由开放性。江平主张法学教育应以人为中心，注重人的自由全面发展。江平通过现代化的教学改革，赋予学生极大的自由性，学生既能够凭借自身喜好来选择法学课程和任课教师，同时又能够与教师、资深教授和校领导之间进行深入交流。同时，江平还打破学术限制和学术垄断，加速了自由化思想融入校园中，赋予学生新的法学理念和法学精神。

第二，坚持理论联系实践的法学教育方法。江平重点提出，法学教育需要培养学生的法律意识和法律思维，使得其具备用法律视角解决社会生活中各类问题的能力，从而将自身的法律思维和法律意识应用到实践过程中，不断通过实践来强化自身的理论认知，增强实践经验，加强理论与实践之间的联系性。在法学教育工作中，江平还注重模拟法律生活的真实场景，让学生在法律事件中扮演不同的身份和角色，以此来培养学生的独立思考能力和积极应变能力。此外，江平还通过引入现实案例，通过对现实案例的讲解，培养学生从法律视角思考和观察社会各类现象和问题的能力。这种注重理论与实践相结合的教育模式有效地提高了学生的法律思维、法学意识和法律实践能力。

第三，建立正确的价值观念。江平在法学教育工作中十分注重法学生价值观念的培养，江平认为法律从业者作为社会属性的"人"，应该具有人的本质特征，为此，法律从业者必须具有良好的价值观念才能为社会法治的良好运转做出贡献，反之将阻碍我国社会法治的发展①。因此江平重点提出要关注法学生的价值观念培养。一方面，江平提出在法律从业者中要坚持真理性，不能因其他原因向不符合真理的观念低头。江平本身就是一个性情真诚的人，反映到他的教育理念上，他要求法律人不能随波逐流，要求真务实、坚持真理。同时，他还关注社会转型中

① 曹岑．江平的法学思想研究［D］．三峡大学，2019：36.

的正义问题，强调市场经济，强调个人价值，强调个人的自主和自治，他认为这些理念能够共同促进整个社会进步发展。同时，江平坚持真理的理念，也反映在他面对国家和个人利益产生冲突之时，他不是任何利益集团的代言者，他只站在法律的一边。关于重庆市杨家坪拆迁事件，江平表示在救济手段穷尽的情况下，该搬迁就得搬迁，是否出于社会公共利益的需要，不应由个人决定，而要依据一定的程序。江平对此事件发表的观念让他受到舆论“一边倒”的抨击，被认为是政府、开发商的代言人，一时间江平身处风口浪尖，但是他没有退缩，仍坚持自己的观念，在接受《南方人物周刊》专访时，他再次强调“私权应该受到保护，但不应该滥用私权，滥用私权和滥用公权都应是受到制止的”。从中我们不难看到，江平作为一名学者，不会因为公众批评而屈从，更不会改变自己的观点去讨好公众，是真正的“只向真理低头”。另一方面，江平提出，法律从业者作为最能够透视社会各种现象和问题的群体，应该具有社会责任和国家观念，敢于直接应对社会生活的各类问题，对不符合法律本质要求的事件进行真理性评判，旨在维护法律的真理性价值，从而推动我国法治建设继续向前发展。

综上所述，以沈家本、董必武、李达和江平为代表的法学教育先驱，在他们各自的时期，都以自身所具有的深厚法学教育素养和法学教育思维，推动法学教育的创新变革，推动了当时法学教育事业的迅猛发展。这些法学教育先驱者的法学教育经验将融入我国法学教育工作体系中，成为我国历史法学教育文化的重要组成部分，对我国未来法学教育的发展产生深远影响。

# 第四章　国外法学本科教育研究

## 第一节　英国法学本科教育研究

### 一、 英国法学本科教育的历史背景

英国法学本科教育的历史发展经历了漫长而丰富的过程。它起源于中世纪的学徒制度，随着时代的变迁逐渐演变为学院制度。在中世纪早期，法学本科教育主要通过学徒制度进行，学员拜访已经成名的律师为师傅，师傅通过口头传授和实践培训的方式进行实践教学。然而，学徒制度存在受众面狭窄、地域限制和社会阶级差别等问题，难以满足日益增长的法律人才需求。

随着牛津大学和剑桥大学等学校的兴起，学院制度逐渐成为主流。从 1096 年起，牛津大学内部开始了法学本科教育活动，而后剑桥大学等也陆续加入，形成了学院制法学本科教育的雏形。到了 13 世纪，牛津大学和剑桥大学相继建立了法学院，统一了课程设置、教学方法和评估方式，形成了较为完善的法学本科教育体系。

#### （一）商品经济的发展为英国的法学本科教育提供了需求

随着新航路的开辟和全球商品经济的兴起，英国等西方国家开始意识到商业资本所带来的巨大利润潜力。这促使政府采取了一系列措施来推动商业的发展，为此英国政府通过了一系列法律措施来支持商业活动。英国凭借其强大的海上实力，主导了航海贸易，进而加速了资本原始积累的过程，促使新兴资产阶级和贵族涌现。在这样的时代背景下，新兴资产阶级为了争取更多的利益，开始要求封建势力做出更多的让步和妥协。光荣革命和《权力法案》的签订，标志着英国正式形成了以资产阶级为主导的君主立宪政体，这一转变深刻地影响了英国社会的政治和法律制度。在这种政治体制变革的背景下，英国的法学本科教育制度也随之发生了重大的改变和调整。

在商品货币经济时代，社会各阶层的利益关系开始以互惠互利为原则来协调和调整，打破了传统的身份等级差异，形成了更为平等的社会关系。在这样的环境下，人们普遍追求公平正义与自由，这成为社会的基本诉求。随着商业资本的蓬勃发展，经济往来变得更加复杂，当时的律师在处理经济事务和法律纠纷时发挥着重要作用，因此，人们对律师数量和质量的要求不断提升，使得律师培训行业也开始崭露头角，以满足社会对于高素质法学专业人才的迫切需求。

另外，随着时代的变迁，法律职业也逐渐成为一种新兴的社会阶层。在那个法学专业知识匮乏、法律人才稀缺的年代，一些律师凭借着他们的专业素养，成为整个行业中的主宰者，掌控着诉讼和审判的权力，从中获得了巨额财富和高尚社会地位。因此，对于许多新兴资产阶级和一部分中小贵族来说，律师这一职业变得极具吸引力。在当时，这些富裕家庭有能力支持他们的子女接受长期高质量的法律教育，这也是学徒制度初见端倪的重要背景。这种现象进一步强调了对于律师教育体系的需求，也推动了法学本科教育的进一步发展。

### （二）印刷术促进法律知识的传播

在传统的学徒制度下，教师需要精心准备教学内容，严格按时进行课堂教学，并负责学员们的答辩和模拟法庭等活动，以确保他们能够熟练运用所学知识。然而，与此相比，选择成为一名职业律师对教师来说可能更具吸引力。在当时的社会环境下，成为律师意味着更大的盈利空间和更轻松的工作内容。因此，律师协会不得不支付更高的薪酬来招聘讲师，这导致了律师协会面临着经济上的压力。同时，一些讲师本身对教学并不感兴趣，因此教学内容和形式显得枯燥乏味。学生的学习积极性下降，学生数量和质量也随之下降，最终使得律师协会的存在变得毫无意义。可以说，律师协会的兴起和衰落都是时代变迁的产物。

印刷术的普及使得法律知识得以广泛传播，不再局限于教师的口头传授。学员可以自行购买法律书籍，根据自己的学习需求进行深入学习，这为他们提供了更为灵活和个性化的学习方式。与此同时，学员逐渐对依赖教师的传统学徒制度失去了兴趣，因为他们认为书籍学习更为高效、成本更低，特别是那些并不打算将律师职业作为终身事业的人。因此，学徒制度面临着无法为学员提供足够吸引力的挑战，迫切需要一种新的法学本科教育模式出现。

### （三）学徒制和学院制的教育模式

早期的英国法学本科教育主要有学徒制和学院制两种模式。

学徒制下的法学本科教育初具规模。早期，学习法律知识的途径主要是拜访经验丰富的律师，成为其学徒。这些学员集聚在小旅馆中，律师们长期居住在小旅馆内以方便授课。14 世纪，英国形成了四大著名的律师会馆，如林肯律师会馆。律师会馆的教学模式多样，包括口头教授和实践教学，但缺乏统一管理，导致教学质量参差不齐。学徒之间互相交流，会馆内还有讲座、辩论、模拟法庭等活动。然而，学徒制受众有限，会馆位于伦敦郊区，学费昂贵，且王室限制非绅士血统者进入，使法律知识成为贵族和富人的专属。

学院制的法学本科教育早在 1096 年在牛津大学内部就开始出现。随着英王亨利二世禁止留学生去往巴黎留学后，牛津大学对罗马法的研究更深入，法律教学活动更频繁。一些著名法学家来牛津大学讲学，推动了学院制法学教育的发展。到 13 世纪初，牛津大学学者来到剑桥大学并定居，拓展了学院制法律教学的范围。后来，牛津大学和剑桥大学相继建立了民法学院，教学更专业和有针对性，并延续至今。牛津大学和剑桥大学几乎垄断了英国的法学教育，得益于其专业性深受认可。学院制教育更全面和规范，有统一的学制、课程安排和考试科目，常聘请法学专家演讲并派遣留学生，学习资源更丰富。这两所大学的法学院开设了教会法和民法两个专业，前者主要以《教令集》为主要学习资料，后者则根据学生兴趣进行教材选择和内容讲授，这或与当时强大的教会力量相关。

## 二、英国法学本科教育及课程改革的发展

英国法学本科教育及课程改革经历了从传统到现代的演变。起初，法学本科教育偏重于法律实践，缺乏对法律理论的重视。然而，随着 19 世纪中后期的改革，英国法学本科教育逐渐实现了现代化，重视将学术性和职业性紧密结合。随后的法学教育改革进一步强调培养学生的全面学术能力，并提出了更为严格的考试制度和学位授予制度。到了 20 世纪以后，大学成为法学本科教育的主要阵地，课程设置更加多样化，注重实践性教学和案例分析，以培养学生的职业技能和思维能力为目标①。总的来说，英国法学本科教育及课程改革不断调整和完善，以适

① 李文．中英法学本科教育差异比较研究［J］．黑龙江省政法管理干部学院学报，2021（05）：148-151.

应社会发展和法律行业的需求。

### （一）中世纪英国早期大学法学教育及课程改革

在中世纪，英国的法学教育经历了一系列重要的变革和发展，从大学学位制的引入到法学教育的不断完善，这些变化都对英国法学的发展产生了深远影响。

首先，中世纪中期，英国的牛津大学开始引入罗马法教学，这标志着英国法学教育向着更加国际化、综合化的方向发展。由于罗马法的深厚历史底蕴和普适性，其在英国的引入为法学教育注入了新的活力，使学生能够从更广泛的视角理解法律问题，拓展了法学教育的深度和广度。其次，牛津大学和剑桥大学相继开设了民法和教会法专业，为学生提供了更多选择的机会。这一举措反映了法学教育的多样性和个性化发展的趋势，学生可以根据自己的兴趣和职业规划选择适合的专业方向，为未来的法律行业培养更加专业化的人才。

随着时间的推移，英国的法学教育逐渐形成了以大学和律师会馆为主要负责机构的双轨制。大学主要教授法律史、法理学、罗马法和教会法，而律师会馆则主要教授国王的法律即英国普通法。这一体系的形成体现了法学教育的分工和专业化，为学生提供了更加全面和深入的法学教育。然而，在18世纪之后，律师会馆逐渐衰败，失去了法学教育的功能。

在18世纪，托马斯·伍德罗、查尔斯·维纳、威廉·布莱克斯通等人主张大力发展大学的法学本科教育，其中威廉·布莱克斯通被认为是英国现代法学教育的先驱，他提出了一套科学完整的大学法学教育体系，为现代法学教育的发展奠定了基础。这一时期的法学教育注重培养学生的法律思维和实践能力，实现了理论与实践的耦合，为法律人才的培养提供了更加系统和科学的方法。

### （二）近代英国大学法学教育及课程的发展概况

英国的大学法学教育发展缓慢，主要根源于传统的法学教育模式对法律实践的过度重视，而对法律理论教学的忽视，以及缺乏统一的资格考试制度。直到19世纪中叶，英国的法学教育才开始迈向现代化的道路。

伦敦大学法学部的成立标志着英国高等教育的现代化起步，其开设的新型课程，如比较和国际法、商法、近代法等，对适应工商业发展需求起到了积极作用。19世纪后期，英国当时的社会经济和传统的法学教育体制存在着一定的冲突，也正是这种冲突再加上很多法学家的努力，促成英国1846年的法学教育改革，并同年发布了《法律教育报告》。这份报告明确指出，建议大学和法律职业组织实施分工合作，为现代英国法学教育的发展指明了方向。随后，牛津大学和剑桥大学相继建立了法学学科和学位授予制度，将法理学、法史学、罗马法、宪法学等作为基础理论课程。伦敦大学的法学院也在1826年至1926年期间开设了一系列主要课程，涵盖了比较和国际法、罗马法、法理学、宪法和历史、英国法、商业法、印度法等领域。这些改革举措不仅丰富了法学教育的内容，也为学生提供了更多的选择和发展机会。值得注意的是，随着工商业的发展，国际法、商法等课程逐渐取代了教会法，反映了法学教育的时代需求和适应性变化。同时，法学教授职位的设立以及正规的考试制度和奖学金制度的建立，为法学教育质量的提升提供了保障。

### （三）英国现代大学法学本科教育及课程改革的发展状况

英国的法学本科教育经历了一系列改革，逐步实现了现代化，建立了现代法学教育制度和职业资格考试制度，这一过程见证了英国法学本科教育从传统向现代的转变。

19世纪中后期的改革是英国法学本科教育发展的重要阶段。在这一时期，通过一系列报告和委员会的调查，英国政府开始意识到传统法学本科教育模式的不足，提出了促进法学教育现代化的方案和建议。特别是《奥姆罗德报告》等文件，为现代英国法学本科教育提供了重要的指导和框架，强调了法学本科教育应该结合学术性和职业性，注重培养学生的综合能力。

20世纪以后，大学成为英国法学本科教育的主要阵地。通过建立严格的学位授予制度和教学体系，以及设立专业的法学院和研究中心，英国的法学本科教育逐步实现了专业化和现代化。法学本科教育的课程设置和教学方法也得到了不断改进和丰富，注重培养学生的实践能力和思维能力。在课程设置方面，英国的法学本科教育注重培养学生的专业知识和技能，同时也注重开设多样化的选修课程，以满足学生的个性化需求。法学院提供了丰富的选修课程，涵盖了工商管理、民权学、商法、公司法、环境法等多个领域，学生可以根据自己的兴趣和职业发展方向进行选择。在教学方法上，英国的法学本科教育采用了多种教学方式，不仅有课堂讲授、导师辅导、研讨会等传统方式，还有模拟法庭、诊所法学教育等创新方式。这个时期的英国法学本科教育，尤其重视案例教学，主张通过案例分析和讨论，培养学生的职业技能和思维能力，激发学生的学习积极性。总的来说，英国的法学本科教育在现代化的进程中注重实践，重视培养律师的实际能力，同时平衡学术性和职业性，注重学生的全面发展。这种法学本科教育模式既适应了社会的需求，又促进了法学理论和实践的结合，为英国法学本科教育的发展奠定了坚实基础。

## 三、英国法学本科教育

英国法学本科教育以其独特的培养模式和教育体系而著称。首先，在法学人才的培养模式上，英国注重学生的全面发展和专业素养的培养，其法学本科教育分为两个阶段：法学阶段和实务阶段。在法学阶段，学生接受广泛的法律理论和知识培训，包括法律原理、案例分析和法律体系等方面的学习。而在实务阶段，学生将学到的理论知识应用于实际案例和法律实践中，培养学生实际操作和解决问题的能力。总的来说，英国的法学本科专业教育旨在为学生提供全面的法学教育，使其具备扎实的理论基础和实践能力，为日后在法律领域的职业发展打下坚实的基础。

### （一）英国法律人才培养模式

英国法律人才培养模式既注重学术型人才的培养，又关注实践型律师的训练，这两种不同类型的法学教育体系构成了英国法学教育的重要组成部分①。学术型与实践型的培养模式在目标、学习时间、学位授予以及进一步学习的方向等方面存在明显差异。

学术型法学教育着重于培养具有深厚法学理论基础和学术研究能力的法学人才。学术型法学课程通常为期三年，学生在此期间深入学习法学的核心理论、法律原则和国际法律体系等内容。在学术型法学教育中，学生将获得法学学士学位，并有机会进一步攻读法学硕士和法学博士学位，旨在培养法学研究人员、法学教授以及从事法律政策制定和法律咨询等工作的专业人才。

实践型法学教育旨在培养具有扎实法律知识和实践技能的专业律师。实践型法学课程通常为期两年，学生在此期间接受法律实务技能培训、法庭辩护实践以及法律职业伦理教育等内容。完成实践型法学教育后，学生将获得法学硕士学位，并有机会进一步攻读法学博士学位。这种培养模式旨在培养具有出色法律实践能力的律师，他们能够胜任各种法律职业，包括诉讼律师、公司律师、公务员等。

两种法律人才培养模式在目标、学习时间和学位授予等方面存在差异，但都是为了满足不同职业需求而设计的。学术型法学教育注重学生对法学理论的深入理解和学术研究能力的培养，而实践型法学教育则注重学生的实际操作技能和职

① 薛健．英国法学教育改革及其启示——以《欧姆罗德报告》为中心［J］．新视野，2016（02）：124-128.

业素养的培养。两种模式的并存为英国法学人才的培养提供了多样化的选择，也为法学教育的发展带来了多种可能性。

### （二）英国法学本科教育的两个阶段

英国法学本科教育以其独特的学术教育与职业训练分阶段的特点而闻名。该制度分为法学院阶段和实务阶段，每个阶段都具有其特定的教育目标和培养方式。

法学院阶段：①法学院阶段强调理论素质的培养。学生在这一阶段将接受系统的法学理论教育，包括法律原则、法律体系、法律制度等内容。通过深入学习法学理论，学生能够建立起对法律体系的全面认识，并掌握法律运作的基本规则和原理。这种理论素质的培养为学生未来在法律领域的发展奠定了坚实的基础。②法学院阶段主要着眼于构建学生的理论框架。通过学习各类法律理论，学生逐渐形成自己的法律思维模式。他们将学会如何从法律的角度去分析和解决问题，以此培养他们的批判性思维和逻辑思维能力。这种理论框架的建立不仅有助于学生理解法律的本质和精髓，还能够为他们未来在法律实践中的表现提供指导和支持。③法学院阶段也是学习基础知识的重要阶段。在这一阶段，学生将学习各类法律学科的基础知识，包括但不限于刑法、民法、行政法、国际法等。通过学习这些基础知识，学生能够建立起对法律体系的整体认识，并为将来深入学习特定法律领域打下基础。此外，学生还将学会如何查阅法律文献、理解法律案例和运用法律条文，培养自己的法律研究和分析能力。

实务阶段是学生接受实践性培训和职业训练的重要阶段。这一阶段通常分为理论阶段、职业阶段和实习阶段三个部分。①理论阶段是法学院阶段之后的延续，是学生在高校完成的阶段。在这个阶段，学生已经掌握了基本的法律理论知识，但仍需要进一步加强对基础知识的学习和理解。因此，理论阶段强调的是基础知识的学习，通过案例教学法等教学方法，帮助学生深入理解法律原理，并提高运用法律知识解决问题的能力。与此同时，这一阶段还注重培养学生的职业技能和思维能力，使他们能够适应未来的职业发展要求。②职业阶段是学生在完成学业后进入的一个阶段，通常为期一年。在这一阶段，学生将开始正式投身于法律职业，并区分为事务律师和出庭律师两类。事务律师主要负责处理文书、咨询客户等事务性工作，而出庭律师则负责在法庭上代理客户进行诉讼等工作。在职业阶段，学生将接受由相关机构提供的有针对性的培训和授课，以提升其在法律实践中的能力和竞争力。③实习阶段是实务阶段中最为关键的一部分，也是学生接受职业训练的重要环节。在这个阶段，学生将以师徒制的方式，由经验丰富的律师或法律机构指导，深入实践中学习法律知识和应用技能。通过参与真实的法律案件和业务活动，学生能够加深对法律实务工作的理解和应用，提升自己的专业水平和实践能力。这种实践性的学习方式不仅能够帮助学生将理论知识与实际工作相结合，还能够增强他们的自信心，培养团队合作精神。

总的来说，英国法学本科教育以其分阶段、结合理论与实践的特点，为学生提供了全面的法学教育和职业培训，旨在培养具有扎实理论基础和丰富实践经验的法律专业人才①。这种教育模式不仅能够满足学生学术研究和专业实践的需求，也有助于培养他们成为胜任各类法律职业的优秀人才。

### （三）对比分析：英美与欧洲大陆法学本科教育的比较

英美和欧洲大陆的法学本科教育在某些方面存在相似之处，但也有明显的不同点，这些差异反映了两种体系的法律传统、教育理念和实践需求。

相似点如下：①学位体系。英美和欧洲大陆的法学本科教育均会授予学生学士学位，标志着学生完成法学教育的第一阶段。学制一般为三至四年，学生需完成一定的学分要求方可毕业。②专业设置。两者的课程设置都包含基础法学知识和专业选修课程，覆盖了民法、刑法、商法、国际法等多个领域。学生在学习过程中将接触到法学的各个方面，并有机会选择感兴趣的专业方向进行深入学习。③教学方法。传统的教学方法在两者中都十分常见，包括讲授、研讨和案例分析。教育目标在于培养学生的实践能力和批判性思维，因此，这些教学方法有助于学生理解法律原理并将其应用到实际情境中。

不同点如下：①法律体系。英美法系以判例法为主，强调案例和惯例的权威。法律体系灵活，案例的解释和法院判决在很大程度上决定了法律的适用和发展。欧洲大陆法系以法典法为主，法律体系更为规范和系统化。法典中明确定义了法律条文，法官在判案时必须依据法典来裁决。②课程设置。英美法学本科教育注重广度，学生在学习过程中有较大的选修自由度，可以根据兴趣选择不同领域的课程。欧洲大陆的法学本科教育更注重深度，学生需要在较早的阶段选择专业方向，学习更加专业化的课程。③教学风格。英美法学本科教育更加注重学生的自主学习和参与度。教学强调学生独立思考和批判性分析能力的培养，学生通常会积极参与课堂讨论和研究项目。欧洲大陆的法学本科教育则更加注重教师的权威和传统。教学风格相对保守，学生通常是被动接受知识，侧重于掌握法律条文和

---

① 丁亮．论英国法学课程改革的经验与启示［J］．教育探索，2015（02）：89-92.

法律原理。

综上所述，英美与欧洲大陆的法学本科教育在法律体系、课程设置和教学风格等方面存在明显的差异。这些差异反映了两种体系的法律传统、教育理念和实践需求的不同，为学生提供了多元化的学习选择和发展路径。

此外，中英法学本科教育存在明显的区别，具体来看，有以下几个方面。

第一，学制方面。法学教育在美国是研究生阶段的教育，本科阶段没有法律学位可以授予，而中英两国都在本科阶段开设了法学教育，即两国的高中毕业生毕业之后进入大学时，即可选择进入大学的法学院修读法学专业。但是，我国的法学本科教育是全日制四年的学制，英国的法学本科教育是全日制三年的学制。近年来，部分英国大学的法学院为了迎合教育市场的需要，也为了提高大学和法学院的收入，还推出了以两年制为主的速成的法学本科教育，要求学生在两年时间内完成一般法学院学生三年才能修完的课程和学分。目前，这在我国法学院当中还是很少出现的现象。本书认为，这种速成的法学本科教育其实是违背法学教育规律的。一方面，由于绝大多数本科生刚刚成年，生活经验并不丰富，要求他们在短短两年时间内学习领悟诸多深奥复杂的法学知识，无异于拔苗助长，不利于学生们打下扎实的基础，也不利于学生们日后的职业发展。但是对于少数英国的法学院来说，短频快密集授课的学制可以提高学费，招收更多的学生，提高法学院的收入。

第二，学习方法方面。由于中英两国法律体系的不同，两国的法学专业的本科生在就读过程中采用的学习方法也非常不一样。例如，英国法学院给大一的本科生讲授英国合同法，给大二的本科生讲授英国商法，为大三的本科生开设英国知识产权法，给硕士研究生讲授英国银行法和国际金融服务法等课程。就英国的本科生而言，他们非常突出的一点就是极其重视案例和判例的学习和研究。每一个判例就是一个包含着深刻法学原理和法律推理的故事，而把众多法律故事串起来就能形成对于某一法学学科全面而通透的认识。而法学院的绝大多数学生毕业之后从事的是法律实务工作。这样重视案例和判例的学习方法和研究习惯，让他们养成从书本中案例中来，到实务中的案例中去的工作作风和习惯。从这一点来看，英美法对于我国的法学教育，特别是法学本科阶段的教育方法是有一定影响的。以位于伦敦北部的英国赫特福德大学为例，其法学院的本科教育采用的是一种“三阶段”或者“三步走”的学习方法。以英国合同法为例，第一阶段是在线讲座阶段，教师在专门的教学网站上讲解英国合同法的基础概念、基本原理以及部分案例。比如，对价制度是英美合同法上的一个比较独特的制度，大陆法系的合同法并无对价制度的存在。那么教师需要首先讲解对价制度的历史渊源，现行英国合同法中对价制度的重要判例和案例，以及现行的英国成文法对于对价制度的规定。本科生们需要在线收听并观看讲座的全程，如果有不理解的地方，还可以反复观看。这一阶段是教师输出知识，学生接受知识的过程。到了第二阶段，即法律技巧学习阶段，学生们需要结合与对价制度相关的重要判例，深入学习法官作出该判决的理由和原因，并且展开讨论。这一阶段的技巧学习是在课堂上面对面进行的，教师与学生之间有较多的互动。第三阶段是工作站阶段，教师会布置与对价制度相关的思考题和模拟案例，要求学生在事先准备之后，在课堂上发言并且回答问题。这一阶段是学生输出为主，教师点评与反馈为辅的阶段。“三阶段”的学习方法有明显的好处：一方面，对于同一个知识点，学生至少可以重复学习和领会三次，相比于一次而过的课堂教学，大大加深了印象；另一方面，第二阶段和第三阶段逐渐过渡到学生主动学习的模式，教师能够清楚掌握学生们真实的学习程度，哪些点已经消化吸收，哪些点还有待于进一步加强，并且教师能够及时给出反馈意见，有利于下一步的提高和改进。虽然有如此众多的优点，“三阶段”学习法并不是普遍适用的，原因在于它所需要的时间和资源是很多的，只能适用于规模较小的法学院，学生人数在几百人左右的规模是比较好的，无法适用于国内专门的政法院校一两万人学生规模的情况。“三阶段”学习法的教学进度也是比较慢的，如果使用“三阶段”学习法讲授英国知识产权法，需要整整一个学年的时间，才能把著作权法、专利法、商标法、网络知识产权等内容完整地教授完毕。而如果全部采取教师讲，学生听的讲座方式，三个月左右的一个学期的时间就能涵盖到英国知识产权法的方方面面。两者投入的差距较大。

与英国法学本科生的学习和研究方法形成鲜明对比的是，由于我国是大陆法系国家，法律渊源是成体系和严谨的成文法的法律条文，我国法学院的本科学生在四年本科学习和培养过程中，潜移默化地形成了重视理论体系，重视严谨的学术观点的习惯，特别是理论层面学术观点的学习与研究习惯。所以，从整体而言，我国法学院法学本科生的理论水平要远远高于英国法学院法学本科生的理论水平。从目前我国法学院本科阶段的培养模式改革来看，一方面，理论培养的深度和广度正在进一步加强；另一方面，我国法学院校越来越重视案例教学的开展。假以时日，我国法学院校培养的本科毕业生将会兼具理论与实践的能力，在国际法律服务市场上受到更多的青睐。更加重要的是，随着我国综合国力的大幅度提升，我国法学院校的毕业生在国际市场和国际舞台上的表现也越来越突出。越来越多的外国留学生也选择留学中国，来中国接受法学本科教育，系统地学习中国法律，甚至希望以后能够在中国成为执业律师。

第三，师生互动方面。从本科课堂上，教师与学生互动的情况，以及学生参与的积极程度来看，不同类型的法学学科呈现出不同的特征。在一些高度专业化，涉及跨学科法学知识的课堂上，英国学生表现得相对积极一些。比如，金融法这门学科是经济学、法学和金融学深度交叉的，学生们往往缺乏金融交易的经验和经济学的背景知识，从而对于金融法学的理解存在一定困难，在这种情形下，我国法学学生表现得相对谨慎一些，没有足够的把握，一般不会过多地发言。在一些贴近生活的法学学科课堂上，如民法等，中英两国的法学本科生都能够在教师的引导下，积极表达自己的学术观点和学术思想。

第四，实习与工作机会方面。从本科阶段的实习来看，中英两国的法学本科生也体现了不同的特点。我国多数法学院校的本科生会在大二或者大三的寒暑假去律师事务所、法院、检察院和金融机构等专业对口的单位进行实习。实习完成之后，相当多的本科生会选择保送研究生，或者考研，或者出国深造，还有一部分本科生会选择直接就业。我国的本科生多数会在大四学年参加司法考试。从2018年起，多数大四的同学会在每年的九月或者十月参加改革之后的国家统一法律职业资格考试。而在英国，由于获得律师资格的途径比较复杂，也并没有一次性的职业资格考试，而是需要依靠大二的暑假，尽力申请到律所的实习机会，并成功获得律所提供的培训合同。在本科毕业之后，再完成一年的法律职业培训课程，以及两年的律所培训合同，或者两年的大律师公会的学徒经历，才能成功获得诉状律师或者出庭律师的职业资格。因此，大学阶段的实习，以及与此直接挂钩的律师事务所可能提供的培训合同，对于有志于未来从事律师实务的法学本科生而言，就极其重要了。英国学生们往往会尽最大努力，在激烈的竞争当中，争取在律师事务所获得一席之地。越是排名靠前的大律所，待遇越好，竞争也就越激烈。加之，伦敦是全球金融中心，也是全球法律服务的重镇。伦敦，牛津和剑桥也被称为英国法学教育和法律服务的"金三角"，到伦敦参与法律服务市场竞争的毕业生不仅来自英国各地和欧盟各国，也来自全世界许多国家。

# 第二节　德国法学本科教育研究

## 一、德国法学本科教育的基本情况

### （一）德国法学院的招生制度

在德国，法律工作者拥有较高的地位和稳定的收入，这使得法学院成为许多优秀中学毕业生的理想选择之一。法律职业被视为一种尊贵和受尊重的职业，而且德国的法律体系在整个社会和经济结构中扮演着重要角色。法律工作者在社会中的地位不仅体现在他们的社会声望和社会地位，还体现在他们的收入水平上。相比许多其他职业，法律工作者的薪酬相对稳定且较高，这增加了法律职业的吸引力。因此，许多致力于追求稳定职业和社会地位的学生将法学院作为他们未来的发展目标，希望通过学习法律来实现自己的职业抱负。

德国高等院校的法学专业招生政策也相对比较宽松。中学毕业生经过长达 12 年的学习，并通过毕业考试，最终获得完全中学的毕业文凭。这个文凭不仅代表了学生在学术上的成就，也是他们进入法学院学习法学专业的必要资格之一。通过这样的学习和考试，学生展现了他们具备了进入高等教育阶段学习的基本能力和知识储备，为他们未来的职业发展奠定了坚实的基础。同时，法学院录取新生时不进行入学考试，这种豁免制度确保了学生们能够如愿以偿地追求法律学业。这种平等机会的政策为所有有志于追求法律职业的学生打开了大门，使得他们都有机会接受高等教育，实现自己的梦想。另外，公共管理委员会负责限定法学院的招生数量，以确保教育资源的合理分配和管理。这种招生数量的限制是为了保持法学院的教学质量和学生师资比，从而提高法学院的教学水平和学术声誉。

### （二）德国法学教育时间漫长

德国的法学教育以其漫长的时间跨度在世界范围内独具特色。这种漫长的教育过程涵盖了多个方面，其中包括完成规定学分、国家考试准备、实习时间、义务兵役或社会义务劳动、整体时限和毕业年龄因素。①完成规定学分：德国的法学专业学生通常需要四至五年的时间来完成规定的学分。这四至五年的学习涵盖了广泛的法学知识和技能培训，旨在为学生打下扎实的法律基础，并使其具备成为合格法学专业人士所需的能力和素质。②国家考试准备：在德国，法学生需要参加两次国家考试，通过第一次国家考试意味着大学基础阶段学习的结束，也拥有了从事法律职业的资格，但是想要成为法官、检察官等，还需要通过第二次的国家考试，这在一定程度上延长了他们的教育时间。为了应对这两次国家考试，学生们需要花费至少一年的时间进行考试准备，深入学习和复习各种法律理论和实务知识，以确保能够顺利通过考试。③实习时间：德国的法学教育注重理论与实践相结合，因此学生需要在法院、律师事务所、行政单位或公司企业进行实习。过去实习时间长达三年，但现在已经缩短到九个月。这段实习时间为学生提供了宝贵的机会，让他们在真实的法律工作环境中学习和实践法律知识，增强实践能力和应对实际问题的能力。④义务兵役或社会义务劳动：在德国，男性学生通常需要服义务兵役或参加社会义务劳动，这需要花费约十五个月的时间。这段时间虽然不直接与法学教育相关，但却会影响到学生的教育进程，延长了他们的教育时间。⑤整体时限：将受教育时间和实习时间相加，德国法学学习的总时限长达七、八年。这种漫长的教育过程需要学生付出长期的努力和耐心，同时也反映了德国法学教育对于培养合格法学专业人才的严格要求。⑥毕业年龄：如果一切顺利，德国法学专业学生毕业并通过国家资格考试后，一般需要达到 27、28 岁才能正式进入社会从事法律工作。相比之下，其他欧洲国家的法学教育通常在 23、24 岁即可完成，这进一步突显了德国法学教育时间漫长的特点。总的来说，德国法学教育的时间漫长主要是因为其教育体系的严谨性和完备性，但在一定程度上也为学生提供了充分的时间和机会，培养他们成为具备扎实法学知识和丰富实践经验的优秀法学专业人才。

### （三）德国法学教育中的国家考试制度

德国的国家考试制度旨在为那些希望从事法律、医疗、教育等职业的人提供职业资格考试的机会。这一考试制度严格规范了法学专业学生的学习和职业发展路径，具有重要意义。以下是关于德国法学教育中国家考试制度的详细介绍。

考试目的。①确保专业素质：国家考试旨在确保从业者具备高水平的专业素质。通过考试，考核人员必须证明他们掌握了法律领域的相关知识，并且具备应对各种复杂情况的能力。②保障社会公共利益：通过确保从业者的专业素质，国家考试有助于维护社会公共利益。法律领域的从业者直接涉及公众的权益和利益，他们的专业水平直接关系到社会能否正常运转和公众是否安全。③维护个人权益：国家考试旨在维护个人的权益。通过要求从业者具备必要的专业知识和技能，国家考试确保了从业者在处理各种案件和工作任务时能够准确、公正地行使权利，保护个人的合法权益。④提升行业声誉：国家考试的严格要求和高标准有助于提升相关行业的声誉和形象。合格的从业者能够为行业增光添彩，赢得公众的信任和尊重，推动行业的健康发展。⑤促进专业发展：国家考试的考核内容和标准通常反映了行业的最新发展趋势和需求。通过参加考试和不断学习提升，从业者能够与行业前沿保持同步，不断提升自己的专业水平，推动行业的不断发展和进步。

学生准备。法学院的学生从入学开始就需要围绕国家考试规定的科目学习专业课程。这意味着学生必须在课程学习中严格遵守国家考试的要求，确保自己的知识体系与考试内容相匹配。

考试频率。国家考试在每年春秋举行，为学生提供了相对灵活的参加时间。

考试流程。学生完成大学学习后，可以参加第一次国家考试。通过第一次考试后，他们将成为准法律工作者，有资格在政府、议会、公司等部门从事与法律有关的职业。

进阶路径。想要成为严格意义上的法律工作者，学生需要在法院、检察院、律师事务所或其他法律执行机关实习。之后，他们需要参加第二次国家资格考试。只有通过第二次考试，他们才能够从事法官、检察官、律师、公证员等专业的工作。

考试挑战。根据统计数据显示，约 30%的法学专业毕业生无法通过第一次国家考试，导致他们不得不放弃成为法律工作者的职业。这一现象说明国家考试的难度较大，对学生的专业素养和应试能力提出了较高的要求。

重考政策。原则上，国家考试只允许重考一次。如果一个学生两次未能通过考试，那么意味着他们不能从事法律工作，这为考生增加了一定的考试压力和挑战。

毕业考试。对于法学专业的学生来说，国家考试是最终的毕业考试，也是他们进入法律职业生涯的关键一步。只有通过国家考试，他们才能够正式成为合格的法律从业人员。

### （四）终身的法律学习

在德国，法学专业的毕业生需要树立终身学习的理念，究其原因主要体现在德国法律职业的分工和从业前景上。

法律职业的分工涵盖了国家法律工作者和律师两大类。国家法律工作者包括法官、检察官和公证员，他们负责审判、起诉和公证等职责；而律师则主要从事社会法律工作，代表客户处理各种法律事务，如提供法律咨询、代理诉讼等。在从业前景方面，国家法律工作者享有相对较高的职业稳定性。他们的工作是终身制的，一旦获得职位，通常可以持续从事职业长达三十年以上。然而，与之相比，律师面临更为严峻的生存竞争。律师职业的发展取决于个人能力和市场需求，需要不断提升专业素质以适应市场变化。虽然律师职业的竞争激烈，但也因此激发了律师们持续学习和进步的动力。在资格考试结果分配方面，仅有成绩最好的5%的人能成为国家法律工作者，而80%的考试通过者选择从事律师职业。这也说明了律师职业的市场竞争程度之高。另外，律师协会在律师专业发展中发挥着重要作用。协会为律师提供各类专业培训和学习机会，帮助他们提升专业素质。律师协会组织继续学习和业务培训，律师可以掌握最新的法律知识和技能。此外，律师协会还促进了律师间的经验交流和合作，通过研讨交流活动，律师们可以共同提升行业水平。同时，律师协会的组织结构也相当完善，例如，德国法兰克福市律师协会拥有3000多名会员，约占全市律师总数的三分之一。协会设立了专业小组，经常举行各种研讨交流活动，为会员提供学习和交流的平台。

## 二、德国法学本科教育的特点

德国的法学本科教育特点鲜明。首先，其采用了宽进严出、逐级淘汰的选拔模式，致力于培养法律领域的精英人才。这种模式注重在学习初期提供广泛的教育资源，随后通过逐步淘汰的方式选拔出最优秀的学生，以此塑造出一批具备专业素养和能力的法律人才。其次，德国的法学本科教育强调“长期教育、心智磨练”，着重培养学生的职业理性和思辨能力。学生在长期的学习过程中，不仅获得了扎实的法律知识，还经历了心智上的磨炼，培养了坚韧不拔的职业态度和专业素养。最后，德国法学本科教育注重理论学习与实践训练的结合，旨在培养学生成熟的法律技能。学生不仅通过理论课程学习法律知识，还通过实践活动和案例分析等方式进行训练，逐渐具备解决实际法律问题的能力。

### （一）宽进严出、逐级淘汰，塑造法律精英

德国的法学本科教育体系以其宽进严出、逐级淘汰的特点而闻名。这一制度的核心理念在于通过全面、严格的法学教育活动，培养学生的独立思维能力和法律实践经验，从而为法律工作者队伍提供源源不断的优秀后备人才。在这个过程中，德国的法学本科教育注重对学生的全面培养，旨在让他们在日后的法律职业中胜任各种挑战。

德国的法学本科教育从入学资格和门槛上就展现了其宽容性和包容性。相较于其他国家，德国对法学专业学生的入学资格并不设立严格的限制，也不要求过

高的学习门槛，这使得有志于从事法律职业的年轻人都有机会参与竞争。这种宽松的入学政策为年轻人提供了展示自己的平台，同时也为法律人才的选拔打下了基础。然而，进入德国法学本科教育体系并不意味着轻松取得法律职业。这其实是一个层层筛选、逐级淘汰的过程。这种选拔过程不仅考察了学生的学术水平，更重要的是考察了他们的职业敏感度和专业素养。只有那些刻苦勤奋、理论能力超群、具有职业敏感的少数精英才能最终成为法律工作者。

分流人员和关口设置是确保德国法学本科教育体系的关键环节。每个阶段都设置了相应的关口，以及时分流人员，从而保证真正具有法律素养的人才能够脱颖而出。大部分法学专业毕业生需要全力备考，因为只有通过国家资格考试，才有机会成为法律工作者。这种严格的选拔制度不仅保证了法律人才的质量，也避免了人才的浪费。然而，即便是通过了国家资格考试的优秀人才，也不一定能够获得法官、检察官及公证员等职位。由于这些职位非常有限，一般仅有一小部分35岁以下的人才能够获得这样的机会。这也意味着即便是在法学教育体系中脱颖而出的人才，也需要面对严峻的就业挑战。

综上所述，德国的法学本科教育体系以其宽进严出、逐级淘汰的特点塑造了法律领域的精英人才。这种制度不仅保证了法律人才的质量，也为法律工作者队伍的持续发展提供了可靠的后备人才。虽然挑战重重，但这也激励着每一位年轻人不断努力，成为法律领域的精英。

### （二）长期教育、心智磨练，打造职业理性

德国法学本科教育致力于培养法律工作者的职业理性，这一过程是通过长期教育和心智磨练来实现的。在德国的法本教育中，理性被视为法律的追求和明显特征。法律体系强调依据、证据、事实以及危害与结果的大小，这就要求法律工作者具备理性的思维方式和执法态度。同时，德国的理性主义文化传统进一步加强了对职业理性的重视。德国历史上出现过众多伟大的思想家，如马克思、恩格斯、康德和黑格尔，这反映了德国社会崇尚理性、思辨和严守法纪的文化传统。

德国法学本科教育注重长期教育与心智磨炼。学生经历了较长时间的学习与实践，这旨在培养他们的心态、性格和思维，使其能够经受反复而深刻的磨炼。这个过程不仅能够去除学生的浮躁与冲动，还能够使他们逐渐培养出理性而沉稳的态度。同时，教育中也注重培养学生的心理素质，安排了大量的讨论和辩论机会，并在考试中测试他们的心理承受能力。值得一提的是，第二次考试的面试由具有丰富实践经验的法官、检察官和行政官员负责，这进一步促进了学生职业理

性的培养。经过严格的教育训练，德国的法律从业者绝大多数具备了合格的职业理性。例如，法兰克福市的法官与律师在近二十年内没有发生违反执业规定或不合职业操守的行为。这在于他们基本上具备了比较深厚的理性素养，这正是德国法学本科教育长期教育和心智磨炼的成效所在。

### （三）理论学习、实践训练，锻造成熟技能

德国的法学本科教育以其理论学习和实践训练的结合为特点，这种学习模式旨在为学生提供全面发展的机会，使他们不仅能够掌握扎实的法律理论知识，还能够应对各种实际法律工作中的挑战。

在理论学习这个阶段，学生主要通过课堂教学和学术讨论来学习法律理论知识。德国的法律体系庞大而复杂，学生需要学习包括民法、刑法、家庭法、商法等在内的必修课程，同时还可以选择学习法哲学、法社会学、法历史学等选修课程。欧盟的建立为法学教育增添了额外的学习内容，学生需要学习欧洲法律体系相关的内容，如欧洲人权公约、欧盟条约等。这种理论学习不仅帮助学生建立起扎实的法律理论基础，还有助于他们理解法律的本质和原则，从而为未来的实践工作奠定坚实的基础。在教学形式上，德国的法学院注重讲授课和学术讨论课的结合。在讲授课中，教授会详细介绍课程的基本原理和内容，为学生提供全面的知识背景。而在学术讨论课上，学生们将通过小组讨论的方式深入探讨课程内容，提出自己的见解，并与同学们进行交流和辩论。这种交流与辩论的过程有助于培养他们的批判性思维和问题解决能力，使他们能够在未来的法律实践中更加游刃有余地应对各种复杂情况。接下来是实践训练的部分。在这个阶段，学生将开始接触实际的法律工作，并通过实践来巩固和应用他们在理论学习阶段所学到的知识。实践训练通常包括参加练习课和进行实习。在练习课中，学生将通过解决案例和模拟法律情境来练习他们的法律技能，这有助于他们将理论知识转化为实际操作能力。而实习则是学生在法院、律师事务所等专业机构实际工作的机会，他们将在实践中学习如何应对各种法律问题，并与专业人士进行互动和交流。

总的来说，德国的法学本科教育通过理论学习和实践训练的结合，为学生提供了全面发展的机会。这种教育模式不仅培养了学生的法律理论知识和学术能力，还锻炼了他们的实践操作能力和职业素养，使他们能够胜任各种法律职业，并为社会做出贡献。

## 三、德国法学本科教育制度的启示

### （一）综合性教育模式

德国法学本科教育采用了综合性教育模式，将理论学习和实践训练有机结合。这种模式为学生提供了全面发展的机会，使其不仅具备理论知识，还具备实践技能和职业素养。在这一综合性教育模式中，理论学习和实践训练相辅相成，相互促进。通过理论学习，学生能够掌握法律体系的基本原理和法律条文，了解法律的理论框架和逻辑思维，培养批判性思维和分析问题的能力。实践训练则使学生将理论知识应用到实际情境中，通过解决真实的法律案例和参与法律实务活动，培养了他们的实践能力和应对挑战的能力。这种综合性教育模式的最大价值在于培养了学生全面发展的能力。学生不仅仅是理论的传承者和研究者，更是实践的实施者和问题解决者。他们不仅具备了丰富的法律知识，还具备了处理法律实务的能力和解决问题的技能，使得他们能够在法律领域中游刃有余，成为行业中的佼佼者。

因此，我国的法学本科教育，也可以借鉴德国的这种综合性教育模式。通过将理论学习和实践训练相结合，更好地培养学生的综合能力，提高他们的竞争力和适应能力。这需要学校和教师不断优化教学内容和教学方法，为学生提供更多的实践机会和发展空间，以此促进他们的全面发展。

### （二）培养学生的综合素养

德国法学本科教育除了专业知识外，该教育体系还着重培养学生的批判性思维、沟通能力、解决问题的能力等综合素养，从而为他们未来在法律领域的成功打下坚实基础①。

首先，德国法学本科教育注重培养学生的批判性思维。在课堂上，学生不仅要掌握法律的基本理论和法规，还要对法律问题进行深入思考和分析。他们被教导如何质疑现有的法律体系，挑战权威，提出新的观点和解决方案。通过这种批判性思维的培养，学生能够更好地理解法律的本质，把握法律问题的本质，为未来的法律实践做好准备。其次，德国法学本科教育重视学生的沟通能力。在学术讨论和实践活动中，学生需要与同学、教师以及实习导师进行积极的交流和合作。他们被鼓励表达自己的观点，听取他人的意见，达成共识，并就法律问题开展深

① 卜元石．德国法学与当代中国［J］．政法论坛，2021，39（05）：193.

入讨论。通过这样的沟通实践，学生能够提高自己的口头和书面表达能力，增强团队合作意识，培养与他人有效交流的能力。最后，德国法学教育也着眼于培养学生解决问题的能力。在练习课程和实习中，学生常常面临各种法律挑战和案例，需要运用所学知识和技能解决实际问题。他们被鼓励分析问题、制定解决方案，并在实践中不断调整和改进。这种问题解决能力的培养不仅增强了学生的实践能力，还提高了他们的应变能力和创新意识，为他们未来的职业生涯奠定了坚实基础。

德国法学本科教育以培养学生综合素养为目标，其做法对我国的法学本科教育具有重要的启示。因此，我国也应该重视学生综合素养的培养，不仅要注重专业知识的传授，还要重视学生的思维能力、沟通能力和问题解决能力的培养。通过综合素养的提升，可以培养出更具全面发展和实践能力的法律人才，为法律领域的发展做出更大的贡献。

### （三）推动法学本科教育改革

借鉴德国法学本科教育制度的经验，对于推动本国法学本科教育的改革和创新具有重要的启示意义。德国的法学本科教育以其注重理论学习与实践训练的综合性教育模式而闻名，这种模式在培养学生的综合素养和职业能力方面取得了显著成效。在我国法学本科教育中，我们也可以借鉴这些成功经验，加强理论学习和实践训练的结合，以培养更加全面的法律人才。

首先，我们可以通过改革教学内容和方法，加强理论学习与实践训练的融合。在课堂教学中，除了传授法律理论知识外，还可以增加案例分析、模拟法庭和小组讨论等实践性教学环节，让学生通过实际操作来巩固和应用所学知识。此外，还可以建立实习基地，开展校企合作项目，让学生有机会到法院、律师事务所等机构进行实习实践，从而更好地了解法律实务，培养解决问题的能力和职业素养。

其次，我们可以优化师资队伍，提高教师的教学水平和实践经验。引进具有丰富实践经验的法律专业人士担任教师或兼职指导，可以更好地将理论知识与实践经验相结合，使学生在接受理论学习的同时，能够听取实际工作中的经验分享，增强实践能力和职业认知。同时，还应该加强教师的培训和交流，提高其教学水平和教学方法的创新意识，不断改进教学内容和方式，适应法学教育的发展需求。

总的来说，借鉴德国法学本科教育制度的经验，推动本国法学本科教育的改革和创新是十分必要的。通过加强理论学习和实践训练的结合，优化师资队伍，重视学生综合素养的培养，我们可以培养更加全面、实践能力更强的法律人才，为我国法学本科教育的提升和法治建设的推进做出更大的贡献。

# 第三节　美国法学本科教育研究

## 一、美国法学本科教育的初级阶段

美国法学本科教育经历了漫长的发展过程，可以分为三个主要阶段。首先，在殖民地时期，法学本科教育主要受英国法律体系的影响，主要是由法学家或法律从业者提供的学徒式培训。其次，随着 19 世纪晚期至 20 世纪初期美国法学本科教育的发展，法学院开始在大学体系内独立出来，形成了专门的法学院或学院，为学生提供更加系统和正规的法学本科教育。最后，美国法学教育经历了改革阶段，这一阶段主要集中在 20 世纪后期至 21 世纪初，包括对法学本科教育内容、方法和结构的改革和调整，以适应不断变化的社会和法律环境的需要。这些改革旨在提高法学本科教育的质量和效果，强调理论与实践相结合，培养学生的批判性思维和解决问题的能力。总的来说，美国法学本科教育的发展历程充满了变革和创新，为培养具备法律专业素养和实践能力的法律从业人员奠定了坚实基础。

### （一）殖民地时期的法学本科教育传统

殖民地时期，美国的法学本科教育传统根植于当时的社会和政治环境，对后来美国法学本科教育的发展产生了深远地影响。从 1642 年起，殖民地就着手规定学校教育的内容，其中包括对法律知识和公民知识的要求。这标志着美国早期法学本科教育的开端，为后来建立法律体系奠定了基础。约瑟夫·斯托雷等法官在这一时期发挥了重要作用，他们提倡对宪法进行系统化的教育，旨在让更多的人了解宪法的内容和原则。这种主张得到了广泛的支持，反映了当时社会对法学本科教育重要性的认识。约瑟夫·斯托雷等人的努力为后来美国法学本科教育的发展奠定了坚实的基础，他们的观点和理念影响了后来美国法学本科教育的方向和内容。

美国初期的法学本科教育的初期根源于英国的法学传统。随着殖民地时期的移民从英国来到美国，英国普通法成了美国法律体系的基础。因此，美国早期的法学本科教育主要集中在教授英国普通法和相关的法律原则上。在美国建国初期，法学本科教育主要由法官和律师来负责。他们通过学徒制度向有志于从事法律行业的年轻人传授法律知识和技能。在这个制度下，学徒们会在法官或律师的指导下，通过实践经验和案例研究来学习法律。他们会参与司法程序，观察法律的运作，并通过实际案例来理解法律原理。这种传统的法学本科教育注重于学徒们的实践经验积累，强调案例研究和司法程序的参与，使得学生能够直接感受到法律的应用和影响。然而，这种教育方式也存在一些局限性。首先，由于其依赖于个别导师的指导和资源，这种教育在地域和资源上存在着不均衡性，无法普及到所有地区。其次，缺乏系统性和标准化也导致了教育质量的不稳定性，学徒们的学习经验因导师的水平和资源情况而有所不同。因此，尽管这种传统的教育为学生提供了实践经验和案例研究的机会，但也迫切需要更加系统化和标准化的教育模式来提高教育质量和覆盖范围。

### （二）19 世纪晚期至 20 世纪初期的法学本科教育发展

在 19 世纪晚期至 20 世纪初期，美国的法学本科教育经历了一些重要的发展变化，开始注重地方立法的学习和法律的实际功能，同时学校也意识到了培养爱国公民的紧迫性，加大了对法学本科教育的投入。

首先，这一时期的法学本科教育开始注重地方立法的学习。随着美国社会的发展和历史的变迁，地方法律在人们的日常生活中扮演着越来越重要的角色。因此，学校开始将地方法律纳入法学教育的内容中，让学生了解并学习地方法律的制定和实施过程。通过学习地方立法，学生能够更好地理解法律在实际生活中的应用，增强他们的法律意识和公民责任感。其次，这一时期的法学本科教育强调法律的实际功能而不是单纯的形式。传统的法学本科教育注重对法律条文的记忆和解释，而忽视了法律在实际生活中的功能和作用。然而，随着社会的发展和需求的变化，人们开始意识到了法律在社会管理和公共秩序维护中的重要性。因此，法学本科教育开始强调学生对法律的实际运用和功能的理解，培养他们具备解决实际法律问题的能力。后来，经历了世界大战等重大事件后，人们开始意识到国家安全和稳定对于国家的发展至关重要。因此，学校将法学本科教育作为培养爱国主义和公民责任感的重要途径之一，加大了对法学本科教育的投入和宣传。通过法学教育，学校希望能够培养出具有爱国精神和责任感的公民，为国家的发展和稳定做出贡献。

从早期美国法学本科教育的历史发展来看，确实可以看到教育上对宪法和政府机构的关注，这在新独立的国家尤为重要。宪法作为国家法律的基本文件，确实应该受到高度重视，因为它规定了政府的基本职能和权力范围，对国家的运行和发展至关重要。因此，加强国民对宪法的理解和尊重被提上议程，各州政府也纷纷立法加强宪政知识的教育，这一举措的必要性是不言而喻的。这一时期是美国法学本科教育发展的重要阶段。同时，美国的法学本科教育也经历了重大的变革和发展，为法学教育奠定了坚实的基础。其中一个重要的里程碑是1870年开始的“法学教育”改革，由哈佛大学法学院的教授兰格德尔领导。兰格德尔推动了法学教育的科学化和专业化，提出了“案例法”的教学方法，即通过案例研究来教授法律原理和推理方法。这一改革使得法学本科教育更加系统化、理论化，并注重法学研究的科学性和理性。兰德尔的方法改变了以往法学本科教育的模式，强调从案例中提取法律原则，培养学生的法律分析和推理能力。

然而，早期美国法学本科教育也存在着一些局限和挑战，这些问题需要引起我们的重视和思考。首先，教材的教学方式过于死板教条，缺乏对宪法的动态和生活联系的思考。学生只是被动地接受法律条文，而没有得到关于法律制度相互关系、作用以及在现实生活中应用的深入指导。这种教学方式限制了学生全面理解和思考能力的培养。其次，早期的法学本科教育也存在着一边倒的观点，缺乏对宪法进行批判性思考和质疑的引导。教材对宪法的极端尊重和盲目服从，并未激发学生对宪法的深入思考和独立见解的培养。实际上，对宪法进行批判性思考对于学生的综合素养和法律能力的培养至关重要，因为它有助于学生从多个角度去理解和解释法律条文，进而培养学生的批判性思维和分析问题的能力。因此，早期美国法学本科教育的目标局限于具体法律知识的学习，而未能让学生掌握运用法律的能力①。这种情况导致学生在面对具体问题时缺乏解决问题的工具和方法，无法充分发挥法学教育的作用。然而，值得肯定的是，法学本科教育在美国早期就受到了关注，并向青年学生传递了重要的信息，为后来的法学教育改革奠定了基础。

### （三）美国法学本科教育的改革阶段

将法学本科教育纳入通识教育旨在推动青年学生对当前法律制度的深入理解和应用能力。这一举措始于20世纪50年代，当时法律界和教育界开始关注如何将法学教育融入通识教育之中。这个时期正值冷战时期的美国，社会变革与思想碰撞交织在一起，法学教育作为社会变革的一部分，开始受到更广泛的关注。

在1953年，哈佛大学法学教授保罗·弗洛因德在华盛顿大学的演讲中，提出了将法学本科教育纳入通识教育的主张，引发了广泛地讨论②。弗洛因德强调，成

① 郑大好．美国法学教育的现实主义模式与实践路径初探［J］．法制与社会，2021（16）：155-157.

② 帅颖．美国法制教育的历史演进及其启示［J］．武汉大学学报（哲学社会科学版），2014，67（03）：125-129.

功的法律思维教育是通识教育必不可少的组成部分，他认为大学的通识教育应该培养学生对法律制度的全面理解，而不仅仅提供一些基础的法律知识。这一观点的提出打开了人们对法学本科教育的认识，促使人们开始重新思考法学本科教育的目标和方法。然而，弗洛因德的主张也受到了一些批评，有人认为他的观点过于理想化，忽视了法学教育的实际应用问题。但不可否认的是，他的主张引发了人们对法学本科教育的深入思考，推动了法学本科教育改革的进程。随着时间的推移，越来越多的教育机构开始将法学本科教育纳入通识教育体系。这不仅为学生提供了更广泛的知识视野，也培养了他们对法律制度的深入理解和批判性思维能力。通过案例分析和讨论，学生可以更好地理解法律的运作机制，提高分析问题、提出解决方案的能力，从而成为具有独立思考能力和创新精神的社会人才。

在20世纪60年代，美国社会经历了巨大的变革和动荡。种族歧视、性别歧视、反战运动等社会问题引发了一系列的抗议和示威活动。在这一时期，社会中的弱势群体，包括少数族裔、妇女、性少数群体等开始组织起来，争取他们的权利和平等地位。这些社会运动不仅改变了美国社会的面貌，也影响了教育领域，包括法学本科教育。新社会运动的兴起引发了人们对社会正义和公平的深刻反思。在这样的背景下，法学本科教育被视为帮助弱势群体认识和运用自己权利的重要手段。人们意识到，只有通过教育，这些群体才能真正了解自己的权利，才能有效地捍卫自己的利益。因此，法学本科教育开始受到更多关注，也被认为是解决弱势群体问题的根本途径之一。在探索新的教育模式方面，社会需要的不仅是形式上的法学本科教育，还需要对法律制度的深入了解。而传统的法学本科教育模式往往局限于教授法律知识和法条，缺乏对法律制度背后原理和意义的深入解释。然而，当代社会面临的挑战越来越复杂，仅仅了解法律条文是远远不够的。因此，这一时期积极探索新的法学本科教育形式，以满足当代社会的需求和挑战。

## 二、美国法学本科教育的教学模式

美国的法学本科教育模式体现出鲜明的特点。首先，它以独立的法学院或学院为单位进行教学，为学生提供专业化的教育。其次，美国法学本科教育的结构通常包括基础课程、专业课程和选修课程，以确保学生可以获得全面的法学知识。再次，美国法学本科教育注重培养学生的思辨能力和批判性思维，课程设置和教学内容，强调理论知识、案例分析和实践技能的结合，以促进学生的学术和职业发展①。通过这种教学模式，美国的法学本科教育旨在培养具备深厚法学理论基础和实践能力的法学专业人才，为他们在法律领域取得成功打下坚实的基础。

## （一）美国法律职业教育脱离本科教育

美国的律师人数之多确实是世界上独特的现象，反映了该国法治社会的特点和法律教育的强大。这种现象既是美国法治体系的一种体现，也是法学本科教育体系长期发展的结果。

首先，美国作为一个法治社会，注重依法治国。在美国，法律是社会秩序的基石，一切行为都受法律的约束和规范。这种法治意识深植于美国社会的各个层面，从政府机构到个人生活，都遵循着法律的原则。在这样的社会背景下，律师作为法律专业人士，承担着解释、应用和捍卫法律的重要责任。因此，律师的需求量相对较高，律师人数也相应增多。其次，美国的法学本科教育体系强调学生的思辨、分析和表达能力。美国的法学院注重培养学生的批判性思维和法律分析能力，通过案例研究、讨论和写作等方式，锻炼学生对法律问题的理解和解决能力。这种教育模式培养出了许多优秀的法学专业人才，不仅在律师行业有所建树，也在政界、商界等领域展现出卓越的能力。许多政界名流如克林顿和戈尔都是知名法学院的毕业生，他们在政治舞台上展现了出色的领导力和执政能力，这也证明了法学教育对于培养综合素质的重要性。最后，美国法学院不仅是培养律师的摇篮，也是维护法治精神的重要阵地。法学院的教师们通过对法律精神和法治理念的传承和弘扬，为维护社会公平正义做出了重要贡献。他们不仅在学术界发表论文、进行研究，还通过培养学生，传承法律精神，推动社会的法治进程。因此，美国法学院的存在和发展与国家的法治建设息息相关。

很多人认为，在美国一定有很多的法学院，但其实美国正规的法学院数量并不多，而且美国的法学院提供的法律职业教育是独立于大学本科阶段的，其课程设置、教学内容和教学目标都与大学本科教育有所不同。在美国，法学院的入学要求通常包括取得本科学历。这意味着学生在进入法学院之前，必须完成四年制大学的学业，并取得本科学位。这样的要求确保了法学院的学生具备了一定的学术基础和素质，能够适应法学院的学习环境和要求。然而，尽管法学院的入学要求包括本科学历，但法学院的教育体系是独立于大学本科阶段的。法学院为学生提供的是专门的法律职业教育，而不是通识性的大学本科教育。因此，法学院的

---

① 廖天虎．美国法学教育现状及其借鉴［J］．乐山师范学院学报，2020，35（07）：39-47.

课程设置、教学方法和教学目标等都与大学本科阶段有所不同。

### （二）美国法律职业教育的三个层次

美国的法律职业教育结构分为三个层次，以全面培养法律专业人才为目标。这三个层次相互衔接，共同构成了丰富多样的法律职业教育体系，为学生提供了全面的学习和实践机会，从而使他们能够在法律领域中获得充分的成长和发展。

首先是课程层次。在法学本科教育中，课程设置是基础和核心，是学生学习法律知识的主要途径。必修课程包括合同法、刑法、宪法、民事诉讼、刑事诉讼等，这些课程涵盖了法律的基本领域，为学生打下了坚实的法律基础。同时，学生还可以根据个人兴趣和职业发展方向选择选修课程，如知识产权法、国际法、环境法等，以满足个性化的学习需求。此外，法学院还设有法律写作课和职业道德课，旨在培养学生的法律写作和表达能力，以及强调律师职业道德和职业素养的培养。

其次是见习层次。在第二学年，学生将进行为期一段时间的见习，到律师所、司法机关或政府机构开展。通过见习，学生将有机会亲身体验法律实践环境，了解法律生活和职业要求，从而更好地理解理论知识与实际工作的结合，为将来的职业生涯做好准备。

最后是模拟训练层次。模拟训练是法学本科教育中的重要组成部分，旨在通过模拟法庭、模拟客户谈判和模拟法律研究项目等活动，锻炼学生的实践能力和专业技能。① 在模拟法庭中，学生扮演律师、法官或证人，模拟法庭审判过程，培养法律辩论和诉讼技能。在模拟客户谈判中，学生扮演律师与客户进行谈判，培养解决问题和协商能力。而在模拟法律研究项目中，学生通过研究项目，探索法律问题并提出解决方案，培养独立研究和分析能力。

### （三）美国法律职业教育课程设置和教学内容的特点

美国的法律职业教育体系旨在培养具备丰富法律知识、扎实专业技能和批判性思维能力的法律专业人才，以适应不断发展的法律职业需求和社会变革的挑战。

课程设置的特点：①普通法为主，反映本土特征。美国法学教育主要基于普通法体系，反映了本土法律文化和传统。普通法作为美国法律的基石，贯穿于法学院的课程设置和教学内容之中，体现了法学教育的本土特征和历史渊源。②必修课与选修课的比例，必修课至多占 1/3。法学院的课程设置灵活多样，必修课

① 李响．美国法学教育的人才培养机制及其借鉴［J］．学位与研究生教育，2019（05）：68-73.

和选修课相对平衡。通常，必修课程占总学分的比例不超过1/3，这为学生提供了更多选择的空间，使他们能够根据个人兴趣和职业规划选择适合自己的课程。③课程灵活，学生可选择特定方向的选修课。法学院提供了丰富多样的选修课程，涵盖了法律的各个领域和专业方向。学生可以根据自己的兴趣和职业目标选择特定方向的选修课程，从而深入学习相关领域的知识，培养自己的专业能力。④课程开设时间顺序体现前紧后松特点。法学院的课程设置体现了前紧后松的特点，即一年级课程安排紧凑，主要集中在核心必修课程上，为学生奠定法学基础；而随着学生学习的深入，二年级开始逐渐增加应用必修课程和选修课程，使学生有更多机会深入研究特定领域的法律问题。

教学内容的特点：①原则性与灵活性结合。教学内容既传授经典法学知识和原则，又保持了一定的灵活性。这种结合使得学生在学习过程中不仅能够掌握基础知识，还能有更多的选择空间，以适应不同的学习需求和职业发展方向。②理论知识、应用知识和法律实践结合。教学内容涵盖了理论知识、应用知识和法律实践等多个方面。通过综合运用这些知识，学生被培养出解决实际法律问题的能力，从而更好地适应法律职业的要求。③应用、实践为主。教学内容以应用和实践为主导，注重培养学生的实际操作能力和解决问题的技能。这种教学方法有助于学生更好地应对法律职业中的实际挑战，并为其未来的职业发展做好准备。④教学方法变化。在教学方法上，一年级的必修课采用辩论方式进行教学，鼓励学生在课前做资料准备和案例研究，以培养其对复杂事物的分析能力。而在二、三年级，教学方法更加多样化，包括大型讲座、小型研讨会、独立学习和导师课等，为学生提供了丰富的学习体验和交流机会。⑤判例法与实用目的结合。教学内容中，判例法教学被广泛运用，因为判例法教学适用于培养学生的实践思维和解决问题的能力，符合法学院培养法律从业者的实际需求。此外，法学的现场实习也是培养学生法律实务技能的重要途径，通过实践活动，学生能够锻炼自己解决问题的能力。⑥法学本科教育与社会实践结合。教学内容与社会实践相结合，通过模拟审判和法律扶助服务等活动，为学生提供了丰富的实践机会。这些实践活动不仅提高了学生的实践能力，还使他们更好地理解法律在实际社会中的应用和影响。

## 三、美国法学本科教育的批评观点

尽管美国的法学本科教育有其独特之处，但也受到了一些学者的诟病：①偏重技能与方法培养：美国法学本科教育被指责过于重视培养学生的法律技能和实践方法，而忽视了对法律理论的深入探讨和理解。这种偏向可能导致学生在面对法律问题时只注重具体操作，而缺乏对法律背后原则和价值的认识。缺乏理论支撑的实践容易陷入“形式主义”，使得法学教育失去了深度和内涵。②回归学徒制老路。一些学者认为，美国法学本科教育过度强调技能培养，可能导致其回归到学徒制的旧模式。在这种模式下，学生更多的是通过实践经验来学习，而非通过理论和学术研究。这种偏向使得法学教育偏离了科学教育的正途，影响了教育的质量和深度，限制了学生的综合发展。③案例汇编削弱法律。高等法院和中级法院报告的案例汇编被指责削弱了法律的权威性。这些汇编可能导致律师只注重具体案例的解决，而忽视了法律背后的深层次原则。律师在穿过这一“迷宫”时往往只寻找自己所需的判例，而忽视了对法律的全面理解和应用。这种情况影响了律师对法律的准确理解和运用，损害了法律体系的完整性和权威性。④法学教育的重视程度。对法学本科教育的批评也反映了对法学教育的重视程度。批评者强调，法学院应该注重培养学生的理论思维和学术研究能力，而不仅仅是法律技能和实践能力。法学本科教育应该更加全面地涵盖法律的理论与实践，培养学生成为具有深度和广度的法律专业人才。

## 四、美国法学本科教育对我国的启示

### （一）强调学生自主选择与灵活发展

在美国法学院，学生在一定的教育框架内享有自主选择课程的权利。他们可以根据个人的兴趣、职业规划和学术需求，自由选择选修课。这种自主选择的教育模式赋予了学生更多的自主权，让他们能够在学习过程中参与决策，塑造个性化的学习路径。首先，这种自主选择的教育模式鼓励了学生的个性发展。每个学生都有独特的兴趣、天赋和职业目标。通过自主选择课程，学生可以根据自己的兴趣和优势领域来制订学习计划，从而更好地发挥自己的潜力，培养个性化的专业素养。其次，这种教育模式有助于提高学生的学习积极性和主动性。相比于传统的教师主导式教学，学生在自主选择课程的过程中扮演了更为积极的角色。他们需要自行评估课程内容、学习目标和教学方法，以做出适合自己的选择，这有助于培养学生的学习自觉性和自我管理能力。最后，这种灵活的教育模式也有利于激发学生的创造力和创新思维。通过选择各种不同的课程，学生有机会接触到不同领域的知识和思想，拓宽自己的视野，培养跨学科的思维能力，从而更好地适应日益复杂多变的社会环境。

对我国的教育体制而言，美国法学本科教育的这种自主选择与灵活发展的理念具有一定借鉴意义。在当前我国教育改革的背景下，我们应该更加重视学生的个性化需求，提供更加灵活多样的课程设置和教学方式，让学生在学习中充分发挥自己的主体性和创造性，实现个性化发展和全面提升。因此，我们可以借鉴美国法学本科教育的经验，积极探索符合我国国情和教育需求的教学模式，为培养更加全面发展的人才提供有力支持。

### （二）实践教学与社会服务的结合

美国法学本科教育强调实践教学与社会服务的结合，为我们提供了宝贵的经验。这种教育理念不仅注重理论上培养学生，更重要的是通过实践活动让学生接触真实的法律实践，锻炼他们的专业技能和社会责任感。

首先，实践教学与社会服务的结合促进了学生实际操作能力的培养。通过参与法律实务、模拟法庭、实地调研等实践活动，学生有机会将课堂所学的理论知识应用到实际工作中，提高了他们的实际操作能力和问题解决能力。例如，学生可以参与法律援助项目，为社区中的弱势群体提供法律咨询和服务，从中锻炼自己的法律实践能力，并增强对社会的责任感。其次，实践教学与社会服务的结合有助于拓宽学生的视野，培养社会交往能力。通过与社会各界的交流和合作，学生可以了解不同领域的法律实践，拓宽自己的专业视野，并培养与他人合作、沟通协调的能力。例如，学生参与模拟法庭比赛时需要与其他同学合作，并扮演不同的法律角色，这有助于他们学会团队合作和有效沟通。最后，实践教学与社会服务的结合为学校与社会之间建立了良好的互动平台。学校通过与社会各界的合作，可以促进校园资源和社会资源的整合与共享，提高教学质量和社会服务水平。例如，学校可以与法律机构、律师事务所、公益组织等建立合作关系，为学生提供更多的实践机会和实习岗位，同时为社会提供更多的法律人才和公益支持。

总的来说，实践教学与社会服务的结合是一种富有活力和前瞻性的教育模式，对于培养学生的实践能力、社会责任感和综合素养具有重要意义。我们可以借鉴美国法学本科教育的经验，积极探索符合我国国情和教育需求的实践教学与社会服务相结合的教育模式，为培养更加全面发展的法律人才提供有力支持。

### （三）重视法律职业道德与社会责任

在美国，法学本科教育强调培养学生的法律职业道德和社会责任感，这一理念对我们国家的法学本科教育也有着深远的启示。

一方面，学校应当注重对学生法律职业道德的教育。法律是一项高度职业化的工作，律师的职业道德直接关系到法律体系的发展和社会的秩序。因此，学校应该通过课程设置、案例分析、讨论和实践活动等方式，着重培养学生的法律职业操守、诚信和责任感。学生应该了解并遵守法律职业的伦理规范，明白律师作为法律代理人的职责，以及在处理案件中应该如何行使自己的权利和义务。另一方面，学校应该强调律师的社会责任。作为法律从业者，律师不仅仅是法律的执行者，更是社会公正的捍卫者和民众权益的保护者。因此，大学应该通过教学和实践的形式，培养学生对社会公益事业的关注度和责任感，引导他们积极参与法律援助、公益诉讼、社区服务等活动，为弱势群体争取权益，维护社会正义。此外，大学还应该加强对学生的法治观念和社会责任意识的培养。学生应该深刻理解法治的重要性，认识到法律对于社会稳定和发展的作用，以及自己未来作为法律从业者所应承担的责任。通过相关课程的学习和社会实践的参与，学生应该培养独立思考、公正公平、尊重他人的价值观念，树立正确的法治观念和社会责任意识。

总之，重视法律职业道德与社会责任是法学院教育的重要内容。通过加强对学生法律职业操守和社会责任感的培养，可以提高学生的专业素养和社会影响力，为建设法治社会、促进社会公平正义做出更大的贡献。

## 第四节　日本法学本科教育研究

### 一、日本法学本科教育的国际借鉴与法律民主化

日本在其法学本科教育发展历程中，积极吸收和借鉴外国经验，尤其是法国、德国和美国的模式，这一举措对日本法学本科教育的进步和发展产生了深远的影响。在不断调整和改进中，日本的法学本科教育逐渐走上了法律民主化的道路，这一过程反映了日本法学界对国际经验的积极借鉴和对本国法学教育发展的持续关注。

首先，日本法学本科教育广泛吸收了法国的模式。法国法学本科教育以其丰富的法学传统和严谨的学术体系闻名于世。日本借鉴了法国的教育理念和体系，强调培养学生对法律理论的深刻理解和学术研究能力。通过引入法国模式的课程设置和教学方法，日本法学院培养了一批批具有较高学术素养的法律人才，为法

学本科教育的进步奠定了坚实基础。其次，德国的法学本科教育模式也对日本产生了重要影响。德国法学本科教育注重理论研究与实践相结合，培养学生的法学思维和解决问题的能力。日本法学界借鉴了德国模式，强调理论与实践的结合，注重培养学生的综合能力和实践操作能力。通过引进德国的实践教学方法和教学资源，日本法学院促进了学生的全面发展和职业素养的提升。最后，美国法学本科教育模式在日本的借鉴和应用也具有重要意义。美国法学本科教育以开放性、多样性和实践性为特点。日本法学界通过学习美国模式，加强了对法学本科教育的国际化视野和创新意识。借鉴美国的课程设置和教学方法，日本法学院提高了对学生个性化需求的关注，促进了法学本科教育的灵活性和多样性。

最终，日本的法学本科教育在吸收和借鉴外国经验的基础上，根据本国实际情况进行了调整和改进，走上了法律民主化的道路。通过与国际接轨，日本法学院不断提升教学质量和教学水平，培养了一大批具有国际竞争力的法律人才，为日本的法律事业发展做出了重要贡献。

## 二、日本司法考试：严格的准入标准

日本司法考试是日本法律体系中的一道门槛，通过这一考试的合格者将成为未来的法官或者律师，因此其选拔标准被认为是相当严格的。与其他国家类似，日本的司法考试也采用了分为两次的考试模式，分别为第一次考试和第二次考试，以确保选拔出具备足够资质的法律从业人员①。

第一次考试是日本司法考试的第一道关卡，其设立类似于德国的考试模式。与德国的法学本科教育体系相似，日本的法学本科教育也以考试为主要评价方式，但与德国不同的是，日本的第一次考试门槛相对较低，没有对考生学历的硬性要求。这一设定使得更多人有机会参加考试，让有志于进入法律行业的个体拥有了平等的机会。另外，日本第一次司法考试，不限制考生学历，使得第一次考试相对灵活，更加注重考生的基本素养，而非专业的法律知识。这一举措体现了对人才的广泛招募，不仅为具有法学背景的学生提供了参与的机会，也为其他专业背景的人士开辟了法律职业的入口。

然而，第一次考试的相对宽松并不意味着可以轻松通过，因为第二次考试的要求相当严苛。第二次考试是选拔合格者的关键环节，由笔试和口试两部分组成。

---

① 赵权，张泽．日本法学教育改革得失与启示［J］．商丘职业技术学院学报，2021，20（02）：13-17.

笔试部分包括问答和论文，涉及专业的法律知识和理论，考查考生对法律的理解和应用能力。在笔试中，80%至90%的考生将被淘汰。口试部分更加严格，再次淘汰80%以上的考生，最终通过率极低。

这种双阶段考试的设立，旨在确保通过考试的候选人具备充分的法律知识和能力，胜任未来的法律从业工作。尽管第一次考试的门槛相对较低，但通过率极低的第二次考试，严格对法律行业的入口把关，保证了法律从业者的素质和水准，为日本的法律体系注入了稳定和可靠的法学专业人才。

## 三、日本法学本科教育改革与法律职业的融合之路

日本的法学本科教育改革标志着法学教育与法律职业之间融合的新篇章。通过普及法学本科教育、引入司法研修制度以及建立法科大学院等举措，日本不仅降低了司法考试的门槛，提高了通过率，也更好地满足了法律职业的实际需求。改革后的教育体系更注重实务能力的培养，学生在参加司法考试时更具备实际应用法律知识的能力。这种改革助力法学本科教育与法律职业之间的联系更加紧密，使得法学本科教育更贴近法律职业的实际需求，为培养合格的法学专业人才提供了更广阔的平台。日本的法学本科教育改革为法学教育体系的不断完善和进步注入了新的活力，为法律职业的发展和法治建设做出了积极贡献。

### （一）日本法学本科教育的现状

日本法学本科教育体现出两个主要特征，一是法学本科教育的普及化，二是法学本科教育与法律职业之间的脱节。

法学本科教育的普及化。近年来，日本法学本科教育呈现出普及化的显著趋势，这一变化在日本的教育体系中产生了深远的影响。这种普及化趋势主要体现在对法律常识的普及和对学生综合素质的提高上。过去，日本的法学本科教育更多地局限于少数精英，而如今，它已经向更广泛的学生群体开放，实现了普及化的目标。首先，日本法学本科教育通过普及法律常识，让更多的学生了解法律的基本概念和原则。这包括法律体系的基本架构、法律的适用范围以及公民的基本权利和义务等内容。通过这种方式，学生可以更加全面地了解法律对于社会生活的重要性，增强他们的法治意识。其次，日本法学本科教育也注重提高学生的综合素质，而不仅仅是专业知识的传授。除了法律常识外，学生还接受其他学科的教育，如哲学、政治学、经济学等，以培养他们的综合能力和思维方式。这种综合素质的提高有助于学生更好地理解法律背后的社会和文化背景，使他们具备更

强的社会责任感和批判思维能力。通过普及法学本科教育，日本希望提高整个社会对法律的理解和尊重，进而增强法治意识。一个更广泛的法学教育覆盖面意味着更多的人可以受益于法律知识，从而更好地理解和遵守法律，促进社会的公平正义。这种普及化的趋势为日本社会的法治建设提供了更加坚实的基础，也为未来的发展奠定了更加稳固的基础。

法学本科教育与法律职业脱节。尽管法学本科教育在日本已经实现了普及，但与此同时，法学本科教育与法律职业之间的脱节问题也日益凸显，引起了人们的关注和担忧。这种脱节主要表现在日本的司法考试门槛较低，并且不限制考生的学历。这一情况导致许多学生过度关注考试本身，而忽视了法学本科教育的本质和与法律职业的实际联系。首先，司法考试的低门槛意味着即使没有深厚的法律基础，学生也可以参加考试。这种情况下，许多学生可能会把通过考试作为唯一的目标，而忽视了对法律理论和实践的深入理解。他们可能会过度依赖记忆法条和案例，而缺乏对法律原理的理解和对实践应用的能力。其次，过于关注考试的学生就会忽略教育应该培养的综合能力和批判性思维。他们只注重应试技巧和死记硬背，而忽视了法律背后的价值观，以及法律在社会中的实际应用。这种现象导致了法学本科教育与法律职业之间的脱节，使得一些通过考试的学生在实际工作中面临难以适应的困难。为解决这一问题，有必要重新审视司法考试的设计和实施，以确保考试评价体系更加贴近法律职业的需求。

### （二）日本法学本科教育改革的新尝试

#### 1. 引入司法研修制度

在日本法学教育中，为了解决法学本科教育与法律职业之间脱节的问题，引入了司法研修制度，这一制度借鉴了德国的模式，旨在为法律从业者提供更为全面的实践锻炼机会，使他们能够更好地适应法律职业的要求[①]。司法研修制度被视为法学本科教育的一种重要补充，旨在提高学生的法律实践能力，使其具备在实际工作中处理法律问题的能力。

司法研修流程通常分为前期、实务修习和后期三个阶段。首先是前期，这一阶段通常持续三个月，主要是为了进行法律实务基础知识的储备和基本技能的训练。在这个阶段，学生将接受一系列的培训，包括法律实务的基本概念、案件处理流程以及相关法律文件的起草和审查等。通过系统的培训，学生能够建立起对

① 刘颖．日本法学本科教育的特色［J］．人民法治，2018（18）：24-26.

法律实务工作的初步认识和了解。接下来是实务修习，这一阶段通常为期一年，是司法研修的核心部分。在实务修习期间，学生将被分配到法院、检察院或律师事务所等法律机构进行实习。在实习期间，学生将跟随专业人士进行一对一的业务指导和实务锻炼，参与各类法律案件的处理和解决，包括案件调查、法律咨询、法庭辩论等。通过实践操作，学生将有机会将理论知识应用到实际工作中，并逐步提升自己的法律实践能力和技能。最后是后期，这一阶段通常为期三个月，是对整个司法研修过程的总结提升阶段。在这个阶段，学生将返回司法研修所进行集体修习，参与各种复合性的实务训练，如模拟法庭等。通过集体修习和综合性实践，学生将进一步巩固和提升自己的法律实践能力，为日后的法律职业生涯做好充分准备。

总的来说，司法研修制度为日本的法学本科教育注入了新的活力。通过这一制度，学生将有机会在实践中学习、实践中成长，逐步提升自己的法律实践能力，为成为合格的法律职业者打下坚实的基础。

**2. 建立法科大学院**

尽管司法研修在一定程度上弥补了日本法学本科教育的不足，但在整合法律理论教育和法律实务教育方面还有待加强，因此日本的法学本科教育又提出了建立法科大学院的建议。

法科大学院的建立是对传统法学本科教育模式的一次创新。借鉴美国法学院的经验，法科大学院将提供更为专业和深入的法学本科教育，以满足现代社会对法律人才的需求①。法科大学院的优势体现在：①该制度的开放性为非法学专业学生提供了一个进入法律领域的途径，这一举措扩大了法学本科教育的参与范围，为多元化的法律人才培养提供了可能。与此同时，学制的设置为三年或两年，旨在根据学生的不同背景和需求，灵活安排学习时间，使更多的学生有机会接受高质量的法学本科教育。②法科大学院注重实务教育，这一特点反映了对法学本科教育与实际法律职业需求之间联系的重视。通过强调实务教育，学生可以更加深入地了解法律工作的具体操作，为未来从事法律职业打下坚实基础。此外，采用案例教学法和法律诊所式教学法，学生能够通过实际案例和模拟情景进行学习和讨论，培养其分析问题、解决问题的能力，以及团队合作和沟通技巧。案例教学法通过探讨真实案例，引导学生从不同角度思考和分析问题，加深对法律原理和

① 刘颖．日本法学本科教育的特色［J］．人民法治，2018，（18）：24-26.

实践应用的理解。法律诊所式教学则模拟真实法律工作场景，让学生扮演律师角色，通过与客户互动、起草法律文件、参与法庭辩论等活动，锻炼其实际操作能力和解决问题的能力。与传统的法学本科教育相比，法科大学院将更加注重学生的实践能力的培养，为学生提供更加实用和全面的教育。此外，法科大学院的构想将为日本的法学本科教育带来新的发展机遇。通过引入新的教学模式和教学方法，法科大学院将为学生提供更为丰富和实用的教育资源，为他们的法律职业生涯打下坚实的基础。同时，法科大学院的建立还将促进法学本科教育的创新和发展，为日本法学本科教育的未来发展注入新的活力。

### （三）司法考试改革与结果

日本的司法考试改革降低了考试难度，提高了通过率，增加了法律职业人才的供给，促进了法学本科教育与法律职业之间的更好衔接。这一变革为日本法学本科教育的发展开辟了新的道路，推动了法学本科教育体系的不断完善和进步。

首先，改革后的司法考试难度相较于之前有所降低。这是因为法科大学院的教育内容和教学方法更加贴近实务，更加注重学生的实际操作能力。与传统的法学本科教育相比，法科大学院的学生在参加司法考试时更具备实际应用法律知识的能力，因此考试难度相对降低。其次，通过率的提高为法律职业人才的供给增添了新的动力。通过率达到 70%～80%的水平，意味着更多的法科大学院毕业生有机会成为合格的法律职业者。这一变化对于解决法学本科教育与法律职业之间的脱节问题具有重要意义，使得法学本科教育更加贴近法律职业的实际需求，更好地培养出符合社会需要的法律人才。同时，考试难度降低和通过率提高的结果也在于法学本科教育与法律职业之间的更好衔接。改革后的司法考试更加注重考查法科大学院的学习内容，与法学本科教育实际相结合，更具实用性和针对性。这一趋势有助于培养出能够立即投入法律实践工作的合格法学专业人才，促进了法学本科教育与法律职业之间的更紧密联系。

## 四、日本法学本科教育的启示与借鉴

### （一）法学本科教育普及化与社会法治观念的培养

日本法学本科教育的普及化给我们提供了重要的启示和借鉴，尤其是在法学本科教育普及化与社会法治观念培养方面。

社会法治观念的培养。通过法学本科教育的普及，可以加强社会对法治观念的培养。这种教育不仅仅是为了培养法学专业人才，更是为了让社会各界人士都能够了解法律的基本原则和价值，增强对法治的认同和尊重。这有助于构建一个守法、公正、和谐的社会。

公民法律素养的提升。普及的法学本科教育能够提高公民的法律素养。通过学习法律课程，学生们可以了解法律体系、法律权利和义务，以及法律如何影响他们的日常生活。这有助于培养公民的法律意识和自觉尊法意识，提升整个社会的法治水平。

法学本科教育的多样化。为了实现法学本科教育的普及化，需要提供多样化的教育方式和渠道。这包括在学校课程设置中增加法律课程，以及通过社会教育、媒体宣传等途径普及法律知识。此外，还可以通过开设公益法律服务、法律讲座等形式，向社会大众传递法律知识，增强法治观念。

法学本科教育与社会发展的相互促进。法学本科教育的普及化不仅有助于提升社会的法治水平，也能够促进社会的可持续发展。一个法制健全的社会能够吸引更多的投资和人才，为经济、政治、文化等各个领域的发展提供稳定的法律环境和保障。

综上所述，日本法学本科教育普及化的经验为我们提供了宝贵的经验。通过加强法学本科教育的普及，我们能够培养更多具有法治观念和法律素养的公民，推动社会的法治建设，实现社会的和谐稳定和可持续发展。

### （二）司法考试改革与法学教育和法律职业的连接

日本司法考试改革对于促进法学本科教育与法律职业的融合具有重要意义。

司法考试不再限制于特定学历，而是更加注重考生的基本素质和教育水平，因此，学生在接受教育的过程中更加关注和重视法律知识的学习，为未来从事法律职业奠定了更为坚实的基础。

司法研修的实践锻炼。引入司法研修制度为法学本科教育与法律职业的融合提供了实践锻炼的机会。通过实务修习和法律实践，考生能够在法学本科教育的基础上更好地理解和应用法律知识，增强实践能力和解决问题的能力，为将来从事法律职业做好准备。

司法考试与职业需求的对接。司法考试改革更加贴近法律职业的实际需求，考试内容更加注重法律实践能力和解决问题的能力。这使得通过司法考试的考生更加具备从事法律职业所需的素质和能力，与法律职业的要求更加贴合，促进了法学本科教育与法律职业的有机连接。

提升法律职业人才质量。通过司法考试改革，可以提升法律职业人才的整体素质。门槛的调整和实践锻炼的加强有助于筛选出更具有扎实法律知识和实践能力的法律人才，提升了法律职业人才的质量，满足了法律职业对高素质人才的需求。

法学本科教育创新。法科大学院的开放性与多样化为法学本科教育注入新活力。法学本科教育不仅限于法学专业学生，非法学专业学生也能参与，拓展了学校的招生范围，促进了跨学科交叉学习。另外，法科大学院强调实务教育和案例教学，学生能够在真实案例中学习并应用法律知识，培养了实际操作能力。此举为学生提供了更加灵活的学习路径，使他们能够根据个人兴趣和需求选择适合的课程，促进了法学本科教育的个性化发展。

总的来说，司法考试改革加强了法学本科教育与法律职业的连接，使得两者之间的联系更加紧密。通过这一改革，日本的法学本科教育能够更好地满足法律职业的需求，为培养更加优秀的法律人才奠定了基础，进一步促进了法学本科教育与法律职业的融合发展。

# 第五章　“互联网+”时代法学本科教育的可行性与存在问题

## 第一节　“互联网+”时代法学本科教育的可行性

### 一、传统教育方式可以提供基础依托

当下法学本科教育方式存在一定的弊端。首先，课堂面授作为高校主要的教学形式，一直以来也是法学专业传统的教学形式，有着知识传授直观、师生沟通顺畅等优点①。但若单一地采用这种模式，易使法学教学过程僵化，较为枯燥，限制了教学内容的拓展，弱化了教学效率。同时，这种教学形式仅靠任课教师语言传授和案例分析，知识获取渠道单一，教学质量常常受限于任课教师的表达水平和沟通水平等业务能力，尤其在当下常见的网络授课中，任课教师无法适应互联网智能化教学方式的问题更为明显。目前高校普遍欠缺对创新授课方式的开放态度，较少融合互联网技术和资源，未主动寻求法学教学方式方法的变革。其次，学生在传统的法学理论教学方式中，很难具备较完善的案件分析推理能力和法律实务技能，独立自主地获取和更新本专业相关知识的学习能力往往较差。而法学专业作为一门社会性学科，培养出的学生不管今后从事理论研究工作还是从事实务工作，其知识体系和专业技能都需与法律实践紧密联系，课程体系中欠缺实践

---

① 姜晓华．新文科背景下法学专业人才培养路径研究［J］．黑龙江省政法管理干部学院学报，2023（06）：147-151.

课程设置，会导致学生进入社会后陷入无法将在校习得的理论知识与社会要求的实践能力对接的尴尬局面。当下法学教育普遍重视向应用型转变，旨在培养符合社会需求的应用型法律人才，并且纷纷引入了模拟法庭、诊所式教学法、实训基地联动等教学方式，但限于各个高校的软件能力和硬件投入程度不同，实践教学效果差异明显。最后，伴随着法治意识的提升，行为合法性已成为各行各业存在的基础，社会对于法学人才的要求，逐步呈现出复合型、应用型和创新型的发展趋势。法学作为一门应用型学科，与社会学、经济学、心理学、计算机科学、信息技术等学科的融合已成为常态，而当下法学本科教育却难以关注到多学科知识的储备和融合。高校培养模式和课程体系中，欠缺对复合型、应用型法学人才培养的考量，也鲜见法律智能化教育的课程。“互联网+”可以为传统法学本科教育方式提供基础依托，促进传统法学教育方式的革新。

## （一）传统教育的优势和基础资源

### 1. 传统教育所积累的丰富教学经验和资源

传统教育作为历史悠久、经过时间考验的教育形式，积累了丰富的教学经验和资源，为“互联网+”时代法学本科教育提供了可靠的基础依托。首先，传统教育在课程设置和教学方法方面经过了长期的实践和不断的完善，形成了相对成熟的教育体系。这一体系涵盖了广泛的法学知识领域，从基础的法律理论到实践操作，涵盖了各个层次和领域的法学内容。通过传统教育，学生可以系统地学习到法学的基本理论知识，培养扎实的专业基础。其次，传统教育在教学资源方面也拥有丰富的积累。学校设施如图书馆、实验室、法律文献馆等提供了丰富的纸质和电子资源，包括各类法律书籍、期刊、案例分析等，为学生的学习和研究提供了充分的支持。此外，传统教育还拥有优秀的师资队伍，这些教师经验丰富、教学水平高超，能够为学生提供专业的指导和帮助。他们不仅具有深厚的学术功底，还能将丰富的实践经验融入教学中，使学生能够在理论与实践中实现发展。最后，传统教育注重学生的综合素质培养，不仅注重专业知识的传授，还注重学生的思维能力、创新意识和团队合作能力的培养。通过各种形式的课堂讨论、案例分析、论文写作等教学活动，学生不仅可以掌握法学理论知识，还能够培养批判性思维、解决问题的能力，为将来的职业发展奠定坚实的基础。

因此，传统教育所积累的丰富教学经验和资源为“互联网+”时代的法学本科教育提供了可靠的基础依托。尽管互联网技术的发展为教育带来了新的挑战和机遇，但传统教育的优势依然不可忽视，它为法学本科教育的可行性提供了坚实的保障。

**2. 学校设施如图书馆、实验室等的支持**

新华社于2024年3月14日发布《关于2023年中央和地方预算执行情况与2024年中央和地方预算草案的报告》。该报告提出，2024年中央财政支持深入实施科教兴国战略，加强教育、科技投入保障，推进教育强国、科技强国建设，为全面建设社会主义现代化国家提供基础性、战略性支撑。报告提出，支持加快建设高质量教育体系。落实"一个一般不低于，两个只增不减"要求，健全财政教育投入机制。中央本级教育支出安排1649亿元、增长5%。其中，学校设施如图书馆、实验室等成了国家财政性教育经费的主要开支之一。与此同时，其对"互联网+"时代法学本科教育的积极影响有目共睹。这些设施不仅为传统教育方式提供了必要的基础依托，还为法学本科教育的创新和发展提供了坚实的支撑。

图书馆作为学校教学和学术研究的重要场所，拥有丰富的纸质和电子资源，为学生提供了广阔的学习空间和学术资源。图书馆收藏了大量与法学相关的书籍、期刊、文献资料等，涵盖了各个法学领域的内容，为学生的学习和研究提供了丰富的参考资料。学生可以通过图书馆借阅或在线检索到所需的法学文献，从而扩展知识面、加深理解，提高学习效率。同时，实验室是法学教育中不可或缺的重要环节。法学实验室通常配备有先进的设备和工具，为学生提供了进行法学实践和案例分析的场所，通过在实验室中进行模拟法庭辩论、法律案例分析等活动，学生可以将理论知识与实践技能相结合，提升解决问题的能力和应对挑战的能力①。实验室还为法学生提供了与教师和同学互动的机会，促进学生之间的交流和合作，培养团队精神和沟通能力。除此之外，学校还配备了各种其他的教学设施，如多媒体教室、会议室、讨论室等，为教学提供了便利条件。多媒体教室配备了先进的音视频设备和互联网连接，支持教师进行多媒体教学和在线教学，提高了教学的互动性。会议室和讨论室则为学生提供了展示自己观点和交流意见的平台，促进学术思想的碰撞和交流。

综上所述，学校设施如图书馆、实验室等支持为"互联网+"时代法学本科教育提供了必要的基础依托。学生可以通过这些设施获取丰富的学术资源，进行法学实践和案例分析，提升自己的学习效果。因此，学校设施的支持是法学本科教育取得成功的重要保障之一。

---

① 徐月笛．创新创业教育与法学教育融合研究［J］．高教学刊，2023，9（30）：55-58.

## （二）传统教育如何为“互联网+”时代的法学本科教育提供基础

### 1. 传统教育的基本法学课程体系与教学模式

在“互联网+”时代，传统教育为法学本科教育提供基础的方式是至关重要的。传统教育所积累的基本法学课程体系和教学模式为学生奠定了深厚的法学基础，同时为他们应对“互联网+”时代的挑战提供了重要支持。

第一，传统教育的基本法学课程体系是法学本科教育的核心。在传统教育体系中，法学本科教育通常包括法理学、法史学、法律逻辑学等基础课程，以及刑法、民法、行政法、经济法等专业课程①。这些课程是经过长期实践和不断改进而设置的，基于法学本科教育的学科特点和学生需求，具有一定的权威性和可操作性。这一课程体系为学生提供了全面系统的法学知识框架，有助于他们建立起对法学学科的整体认识和理解。第二，传统教育的教学模式为高校学生提供了有效的学习途径和方法。传统教育通常采用的教学模式包括课堂讲授、案例分析、小组讨论、论文撰写等多种形式。这些教学方法执行了理论与实践相结合的原则，能够使学生在课堂中积极参与、主动思考，培养其批判性思维和解决问题的能力。例如，在法学课堂上，高校教师会通过案例分析的方式引导学生分析实际法律问题，讨论不同的法律观点和解决方案，激发学生的学习兴趣和思考能力。第三，传统教育还注重培养高校学生的实践能力。在传统教育的教学过程中，学生不仅需要掌握法学理论知识，还需要运用这些知识解决实际问题，培养实践能力。例如，学生可以通过参加模拟法庭辩论、法律实习等活动，加深对法学知识的理解和应用，提高解决问题的能力和实践能力。

传统教育的基本法学课程体系和教学模式为“互联网+”时代的法学本科教育提供了重要的基础。学生通过传统教育获得的丰富知识和实践经验，能够更好地应对“互联网+”时代的法学本科教育的挑战，为其未来的职业发展奠定坚实的基础。因此，在“互联网+”时代的法学本科教育改革中，应充分发挥传统教育的优势，结合互联网技术，共同促进法学本科教育的创新和发展。

### 2. 传统教育中培养的学生思维能力和自主学习能力

在“互联网+”时代，传统教育方式所培养的学生思维能力和自主学习能力对于法学本科教育的可行性具有重要参考意义。这些能力是学生适应“互联网+”时代的法学本科教育需求、掌握法学知识和技能、应对复杂法律问题的关键。

---

① 王崇敏，王琦．法学实践性教学与应用型法律人才培养［M］．长春：吉林大学出版社，2011.

首先，传统教育方式注重培养学生的思维能力。在传统教育的教学模式中，学生通常需要通过阅读、分析、讨论等方式，独立思考问题，形成自己的见解和观点。这种学习方式有助于激发学生的批判性思维、逻辑思维和创新能力。学生在课堂上通过与教师和同学的互动，学会提出问题、解决问题，形成系统的思维方式，从而为其在法学领域的学习和研究奠定了良好的基础。其次，传统教育方式强调培养学生的自主学习能力。在传统的教学模式中，学生不仅是被动接受知识的对象，更是积极参与学习过程的主体。学生需要通过阅读教材、参考资料，进行独立思考和探索，从而深入理解法学知识，并能够灵活运用到实际问题中。这种自主学习的能力使得学生能够在"互联网+"时代，通过网络资源和在线课程等方式进行更加深入和广泛的学习，满足个性化学习的需求，提高学习效率和质量。最后，传统教育方式还注重培养学生的团队合作和沟通能力。在法学领域，学生通常需要与同学、教师以及法律专家进行讨论和合作，共同解决复杂的法律问题。传统教育的教学模式往往通过小组讨论、团队项目等形式，培养学生的团队合作和沟通能力，使其能够有效地与他人合作、分享信息、解决问题，这对于学生在"互联网+"时代的法学本科教育中具有重要意义①。

这些能力不仅是学生掌握法学知识和技能的关键，也是他们应对"互联网+"时代法学本科教育挑战的重要保障。

## 二、在线教育模式能够深化法学教学

有学者认为，开放的在线教育形式能真正达到实质化的教育公平，这主要源于其针对目标广泛性以及受众不固定等特点②。从当前的应用情况来看，在线教育的推行的确为众多教育落后地区的学生带来了与教育发达地区同等优质的资源，但在其中依然可能会面临教育落后地区学生难以满足在线学习的物质条件，达不到教育公平。虽然目前这种矛盾在现实中还难以消解，但可以尽量利用配套设施建设为教育落后地区的学生提供更多开展在线教育的物质条件。教育部、国家统计局、财政部发布的《2023 年全国教育经费执行情况统计公告》显示，2023 年全国教育经费总投入 64595. 04 亿元，比上年增长 5. 33%。全国国内生产总值为

① 崔艳峰．"互联网+"时代法学教育面临的挑战与变革［J］．西北成人教育学院学报，2018（01）：55-59.

② 徐轶博．法学学科教育中"线上+线下"混合式教学方法的探索［J］．法制博览，2023（07）：19-21.

1260582.1 亿元，国家财政性教育经费占国内生产总值比例为 4.00%。所以绝不能因此质疑该教育模式的基本价值。在法学教育中，在线教育模式和新时代法律人才培养的目标是高度一致的，因此在法学教育中全面推进在线教育，能有效满足当前社会对实践型和复合型人才的需求。一方面，现阶段的法学教育必须直面复合型人才培养的现实需求，常规法学教育形式在方式应用和课程体系构建中都难以达到学科间与领域间的融合，再加上法学专业学习难度较大，学生缺乏精力和机会进行其他学科的拓展，不利于其全面发展。而在线教育形式则能解决这一问题，应用在线平台、慕课、翻转课堂等形式使学生基于自身需求灵活学习，有利于实现个性化学习。另一方面，法学本身具有极强的实践性和应用性。虽然现阶段在线教育形式的推进会在一定程度上影响法学的实践活动开展，但这也是目前以及未来法学在线教育要重点考量的关键问题，只有直面和分析问题，才能真正解决问题。

## （一）在线教育的优势和特点

### 1. 灵活性与便利性：随时随地学习

在“互联网+”时代，在线教育模式作为法学本科教育的一种重要形式，体现了许多鲜明的特点。其中，灵活性与便利性是在线教育的显著特点之一。下面将对这一特点进行详细的阐述，以便更好地理解在线教育在法学教学中的深化作用。①在线教育的灵活性为学生提供了更加自主和灵活的学习方式。传统教育模式通常需要学生按照固定的时间和地点上课，而“互联网+”的在线教育则打破了时间和空间的限制，学生可以随时随地通过互联网接入教学资源进行学习。这意味着学生可以根据自己的时间安排学习节奏，自主选择学习的内容和学习的方式，更好地掌握学习进度，进而提高学习效率和质量。②在线教育的便利性为学生提供了更加便捷和高效的学习渠道。传统的教育模式通常需要学生前往学校或教学机构上课，而在线教育则将教学资源通过互联网传输到学生所在的任何地方，为学生提供了更加便捷的学习渠道。学生只需通过电脑、平板电脑或手机等设备连接网络，即可轻松获取到丰富的教学资源，进行学习和互动。③“互联网+”时代下的在线教育还具有个性化教学的优势，为学生提供了更加个性化和定制化的学习体验。在线教育平台上，学生可以根据自己的学习需求和兴趣选择合适的课程和学习资源，制订个性化的学习计划，选择适合自己的学习方式和学习节奏。这种个性化教学模式能够更好地满足不同学生的学习需求，提高学习的效果和质量。

因此，在"互联网+"时代的法学本科教育中，在线教育模式具有深化法学教学的作用，有助于推动法学教育的创新和发展。

**2. 多样化的教学资源：视频、音频、互动课堂等**

在"互联网+"时代，在线教育模式作为法学本科教育的重要组成部分，多样化的教学资源是其显著的特点之一，这种多样化的教学资源包括视频、音频、互动课堂等形式，为学生提供了更加丰富和生动的学习体验，从而提高了法学教学的效果①。

视频教学是在线教育模式中较常见、较受欢迎的一种形式。通过视频教学，教师可以将课程内容以图像、声音等多媒体形式呈现给学生，使学生能够直观地了解和理解课程内容。视频教学可以将抽象的法学理论知识具象化，通过实例和案例分析等方式进行讲解，帮助学生更好地理解和应用法学知识。同时，学生可以根据自己的学习需求和学习节奏，随时随地通过互联网观看视频课程，提高学习的灵活性和便利性。音频教学也是在线教育模式中一种重要的教学资源。音频教学通常以录音、播音等形式呈现，可以帮助法学学生通过听觉方式获取知识和信息。音频教学可以有效地提高学生的听力和理解能力，培养学生的学习兴趣和学习动力。例如，学生可以通过收听法学领域的讲座、访谈、专题报道等节目，了解法学领域的最新动态和研究成果，拓宽学习视野，增加学习乐趣。此外，互动课堂是在线教育模式中的另一种重要形式。通过互动课堂，教师和学生可以在网络平台上进行实时互动和交流，共同探讨课程内容，解答学生的疑问，进行案例分析和讨论等活动。互动课堂不仅可以激发学生的学习兴趣，还可以提高教学效果和学生的学习效率。例如，学生可以通过在线课堂平台与教师和同学进行实时互动，分享学习心得和体会，提出问题和建议，从而加深对课程内容的理解和掌握。

多样化的教学资源为学生提供了更加丰富和生动的学习体验。视频、音频、互动课堂等形式的教学资源，使学生能够以多种方式获取知识和信息，从而提高了法学教学的效果②。因此，在"互联网+"时代的法学本科教育中，充分利用多样化的教学资源，深化法学教学，有助于促进法学教育的发展。

---

① 李侠．法学本科教育翻转课堂线下教学模式建构［J］．西部素质教育，2023，9（15）：161-164+189.

② 谢群．"互联网+"时代的高校法学教学改革挑战与应对之道［J］．法制博览，2023（20）：166-168.

## （二）在线教育如何深化法学教学内容和方法

### 1. 实时案例分析和讨论

在“互联网+”时代，在线教育模式作为法学本科教育的核心组成部分，通过实时案例分析和讨论，创新了法学教学的内容和方法，为学生提供了更加丰富和实践性的学习体验。实时案例分析是“互联网+”时代下在线教育模式中常见的一种教学方法，通过分析真实或模拟的法律案例，学生能够深入理解法律理论知识，掌握法律实践技能。在在线教育平台上，教师可以提供大量的法律案例，供学生分析和讨论。学生可以通过阅读案例材料、分析案例事实、探讨案例问题等方式，进行深入思考和讨论，从而加深对法律知识和法律实践的理解和掌握。下面将通过一个实际的案例来详细阐述在线教育如何深化法学教学内容和方法。

**案例背景：**

假设将讨论的焦点集中在在线法学课程上，该课程的主题是商业法律。学生们分为5个小组，每个小组代表一家公司，他们将在模拟的商业环境中面临各种法律问题和挑战。其中一个典型的案例涉及一家食品公司与其上游供应商之间的合同纠纷。

**案例分析与讨论：**

在课程进行过程中，教师会向学生介绍该案例的背景信息，并提供相关的法律知识和理论，如民商法等。学生们将分析该食品公司和供应商合同的订立、履行和违约等方面的问题，探讨双方当事人的权利义务，以及解决纠纷的方法和途径。

通过实时案例分析和讨论，学生们可以发现合同中存在合同条款不明确、合同违约的责任划分等的问题，他们通过结合法律知识和案例事实，进行深入思考和讨论，提出解决问题的建议和方案。在讨论过程中，学生不仅可以学习到法律理论知识，还能够培养团队合作和解决问题的能力。

**教学效果与意义：**

通过这个案例的实时分析和讨论，学生们不仅加深了对商业法律知识的理解，还提高了解决实际法律问题的能力。他们从中获得了丰富的实践经验，为将来从事法律工作打下了坚实的基础。此外，这种基于案例的教学模式还促进了学生之间的交流和互动，培养了团队合作精神和沟通能力。

以上案例只是在线法学教育中实时案例分析和讨论的一个简单示例。实际上，通过“互联网+”时代下的在线教育模式，教师可以设计各种类型的案例，涵盖民商法、刑法、行政法等多个领域，为学生提供丰富多样的学习资源。通过实时案例分析和讨论，学生们可以深入理解法律知识，提高解决问题的能力，为未来的法律实践工作做好准备。因此，实时案例分析和讨论是在线教育模式深化法学教学内容和方法的有效途径之一。

**2. 个性化学习路径和资源推荐**

在"互联网+"时代，在线教育模式作为深化法学教学的重要手段，提供了个性化学习路径和资源推荐的机制，极大地提高了学生的学习效果和满意度。下面通过一个实际的案例，详细阐述在线教育如何通过个性化学习路径和资源推荐来优化法学教学内容和方法。

**案例背景：**

在线法学课程，该课程名为"知识产权法"，旨在帮助学生深入了解知识产权法律体系和实践应用。课程涵盖了知识产权法的基本概念、法律原则、案例分析等内容。为了提高学生的学习效果，该在线课程采用了个性化学习路径和资源推荐的教学模式。

**个性化学习路径：**

在该课程中，法学学生在开始学习前需要完成一个个性化学习评估。通过填写问卷或参与测验，系统将分析学生的学习需求、兴趣爱好、学习风格等信息，并根据这些信息制定个性化学习路径。比如，对于已经具有一定知识产权法基础的学生，系统可能会推荐他们直接跳过基础知识的部分，来到学习案例分析和实践应用等高级内容。

**资源推荐：**

根据学生的个性化学习路径，系统将自动推荐相关的学习资源，包括教材、案例分析、学术论文、视频讲座等。例如，对于对知识产权法还比较陌生的学生，系统可能会推荐一些基础知识的教材和视频讲座，帮助他们建立起基本的理论框架。而对于已经具有一定法律实践经验的学生，则可能会推荐一些案例分析和实践应用的资源，以便他们更深入地理解知识产权法律体系。

**案例分析：**

一名学生通过个性化学习评估后，系统得知他在知识产权法领域的基础比较薄弱，但对于实践案例感兴趣。系统会根据这一信息为该学生设计一个学习路径，首先推荐一些基础概念的教材和视频讲解，帮助他建立起知识产权法的基本理论框架。随后，系统会推荐一些案例分析，如某知名企业的知识产权案例，以便学生将理论知识与实践案例相结合，加深对知识产权法的理解。

**教学效果与意义：**

通过个性化学习路径和资源推荐，学生能够根据自身的学习需求和兴趣，选择最适合自己的学习内容和资源，提高了学习效率和积极性。这种个性化的教学模式不仅能够满足学生的个性化学习需求，还能够提高教学的针对性和有效性，为法学教育的深化改革提供了有力支持。

**结论：**

以上案例分析表明，个性化学习路径和资源推荐是在线教育深化法学教学内容和方法的有效途径之一。通过“互联网+”的个性化教学模式，学生能够更好地获取所需知识，提高学习效果和满意度，为未来的法律实践工作做好准备。因此，个性化学习路径和资源推荐在“互联网+”时代法学本科教育中具有重要意义。

## 三、线上线下混合可推进法学本科教育改革

由于法学本科教育本身具有多元化的目的和需求，所以要将传统教育形式和在线教育形式紧密融合在一起，博采众长。不仅要使两种教育形式达到深入融合，还要使这一混合模式能真正持续应用在法学本科教育当中。首先，以常规教育为基础。新时代要求法律人才能满足多元化的岗位需求，这也使得常规教育出现了力所不及的问题，从而呼唤并催生了新型教育形式的诞生，它给新型教育形式提出了一定要求和期待，例如，要实现教育公平促进互联网技术的应用；要完善教育方式促进互联网技术的融入等。其次，以互联网为依托。在常规教育形式向在线教育发展的过程中，互联网等各项先进技术发挥了巨大作用，使得线上教育与线下课堂有机联系起来，促进了法学本科教育的创新发展。最后，以在线教学为重点。在“互联网+法学本科教育”中，在线教育并非只是简单的辅助加持，而是与常规教育手段平分秋色，相互补充，因此从这一点来看两者并没有主次之分。但当前时代对法律人才的多元化需求以及线上法学本科教育的不成熟促使其目前还需放在重点位置，一旦在线法学本科教育发展成熟，势必要和常规教育达到真正的平衡。基于此，现阶段必须重点解决在线法学本科教育和常规形式的融合以及实践课程开展问题。

### （一）线上线下混合教学模式的定义和优势

#### 1. 线上线下混合教学模式的定义

线上线下混合教学模式，简称混合教学，是指将传统的面对面教学与在线教

育相结合，利用网络技术和在线教育平台，提供丰富多样的教学资源和学习机会，以满足学生个性化学习需求和提高教学效果为目的的新型教学模式。国内外学者对线上线下混合教学模式的定义进行了相应的研究，学者 Southard 认为，混合教学模式就是将传统教学模式与网络、离线、在线以及现场教学等方式有机整合的一种教学模式，其强调的是将传统教学模式的优势与线上线下教学优势相结合，侧重于教学环境、教学方式的混合①。学者 Barker 则强调混合教学模式是基于建构主义、认知主义等理论支撑而有效整合成的一种教学模式，侧重于教学理论和理念的混合②。而我国学者何克抗则认为，混合式教学是把传统学习的优势和网络学习的优势结合起来，既发挥教育主体引导、启发、监控教学过程的主导作用，又充分体现教育客体作为学习过程主体的主动性、积极性和创造性③。学者赵慧岩则提出"线上线下混合教学模式是一种传统教学和网络教学相结合的模式。该模式基于多种理论指导，运用多种教学设备、工具、教材和媒体，将课堂教学方式与互联网教学方式有机结合，最终达到最优教学目标的一种教学模式"④。

由此可知，线上线下混合教学是混合式教学模式之一，是网络教学等线上教学与课堂教学、实践教学等线下教学融合多种教学方法、教学手段以实现优势互补的一种教学；是基于各种教学理论和理念，有助于发挥教育主体的主导性和教育客体的主体性，从而实现立德树人这一根本任务的一种有效教学模式。

在当前"互联网+"时代，线上线下混合教学模式作为法学本科教育的一种创新形式，融合了线上资源和线下教学的优势，为法学本科教育改革带来了新的机遇。

**2. 结合线上资源和线下教学的优点**

混合教学模式结合了线上资源和线下教学的优点，具有以下几个鲜明特点和优势：①个性化学习。混合教学模式通过线上平台提供个性化学习路径和资源推荐，根据学生的学习情况和学习需求，量身定制适合其学习的内容和学习计划，提高了学习的针对性和有效性。②灵活性和便利性。学生可以根据自己

---

① Southard S. Bringing induction to the teacher: a blended learning model (Education) [J]. Technical Communication, 2003, 50 (1): 114-116.

② Barker P G. Motivation, learning spirals and blended learning [C] //Proceedings of the 1st International Conference on Blended Learning - Promoting Dialogue in Innovation and Practice. Hatfield, UK: University of Hertfordshire, 2006: 91-97.

③ 何克抗．从 Blending Learning 看教育技术理论的新发展 [J]. 国家教育行政学院学报, 2005 (09): 37-48+79.

④ 赵慧岩．"混合教学"在开放大学教育模式中应用的思考 [J]. 科技视界, 2016 (13): 211.

的时间和地点进行学习，不受时间和地点的限制，提高了学习的灵活性和便利性，有利于充分利用碎片化时间进行学习。③丰富多样的教学资源。混合教学模式结合了线上和线下的教学资源，包括文字、图片、视频等形式的教材和教学资料，为学生提供了丰富多样的学习内容和学习资源，提高了学习的效率和质量。④交互与互动。混合教学模式通过线下课堂和线上讨论等方式促进学生之间的交流和互动，增强了学生之间的合作意识和团队精神，有助于促进学生的学习和成长。⑤实践性强。混合教学模式可以组织学生进行实践活动，如案例分析、实地考察等，加深学生对法学知识的理解和应用，提高了法学本科教育的实践性和针对性。

混合教学模式作为一种创新的“互联网+”教学模式，结合了线上和线下教学的优点，为法学本科教育带来了新的发展机遇。通过充分利用线上和线下教学的优势，混合教学模式可以更好地满足学生的学习需求，提高教学效果和学习体验，推进法学本科教育的改革和发展。

**3. 弥补线上线下教学各自的不足**

在当今“互联网+”时代，线上线下混合教学模式作为法学本科教育的一项重要探索，旨在发挥线上和线下教学的优势，从而弥补两者各自存在的不足，为法学教育改革带来新的推动力和可能性。

混合教学模式致力于通过整合线上和线下教学资源，弥补各自的不足之处，实现教学效果的最大化。具体而言，混合教学模式在以下几个方面具有独特的优势，可以帮助弥补线上线下教学的不足：①互动与反馈。在线教学往往缺乏面对面地互动和及时地反馈，学生在学习过程中容易感到孤独和迷茫。而混合教学模式通过线下课堂的互动讨论和教师的实时反馈，弥补了线上教学中这一不足，提高了学生的学习积极性和参与度。②实践与体验。线上教学往往缺乏实践性和体验性，学生难以将理论知识应用于实际情境中。而混合教学模式通过线下实践活动和案例分析，使学生能够在真实的法律环境中进行实践，增强了学习的实践性和针对性，有助于提升学生的综合能力。③个性化学习。线下教学往往缺乏个性化的学习路径和资源推荐，学生的学习需求难以得到有效的满足。而混合教学模式通过线上平台提供个性化学习计划和资源推荐，根据学生的学习情况和兴趣爱好进行个性化的学习指导，提高了学习的针对性和有效性。④灵活性和便利性。传统的线下教学往往受时间和地点的限制，学生需要到指定的地点参加课程，不便于灵活安排自己的学习时间。而混合教学模式通过线上教学平台，学生可以随时随地进行学习，不受时间和地点的限制，提高了学习的灵活性和便利性。

混合教学模式通过整合线上和线下教学资源，弥补了各自存在的不足之处，为法学本科教育带来了新的发展机遇。通过充分利用混合教学模式的优势，可以更好地满足学生的学习需求，提高教学效果和学习体验，推动法学本科教育的改革和发展。

### （二）混合教学如何促进法学本科教育的改革和创新

混合教学模式通过线上线下结合的方式，使得教学内容得以互补和拓展，从而促进了法学本科教育的改革和创新。具体而言，混合教学模式在以下几个方面发挥了重要作用。

第一，线上线下教学资源的整合。混合教学将线上和线下的教学资源进行整合，通过线下课堂和在线教学平台提供丰富多样的教学内容，包括文字、图片、视频等形式的教材和教学资料。学生可以在不同的学习空间中获取丰富的教学资源，拓宽了他们的学习视野。第二，线上线下教学形式的创新。混合教学模式不仅整合了教学资源，还创新了教学形式。例如，通过在线教学平台进行实时案例分析和讨论、线下课堂进行模拟法庭辩论等活动，激发了学生的学习兴趣，提高了他们的解决问题的能力。第三，个性化学习路径的设计。混合教学模式注重个性化学习，根据学生的学习情况和兴趣爱好，设计个性化的学习路径和学习计划，使得每个学生都能够在自己感兴趣的领域进行深入学习。这样一来，学生的学习动力和积极性得到了有效激发，提高了他们的学习效果，为其带来了丰富的学习体验。混合教学模式通过教学内容的互补和拓展，为法学本科教育带来了新的发展机遇。通过整合线上线下的教学资源，创新教学形式，设计个性化学习路径，混合教学模式促进了法学本科教育的改革和创新，为培养高素质法学人才奠定了坚实的基础。

混合教学模式注重满足学生个性化学习需求，通过提供灵活多样的学习方式，实现了学习过程的个性化定制，从而促进了法学本科教育的改革和创新。混合教学模式允许学生根据自己的时间和地点进行学习，不再受限于传统的课堂教学时间和地点，提高了学习的灵活性和便利性。学生可以根据自己的实际情况，灵活安排学习时间，有效利用碎片化时间进行学习，提高了学习效率。混合教学模式通过在线教学平台提供个性化的学习内容和学习路径，根据学生的学习情况和兴趣爱好进行定制化的教学设计，使每个学生都能够在自己感兴趣的领域进行深入学习。混合教学模式提供了多样化的学习方式和个性化的学习选择，包括文字、图片、视频等形式的学习资料和教学资源，满足了不同学生的学习需求和学习偏好，提高了学习的灵活性和多样性。混合教学模式强调学生的学习主体地位，倡导学生在学习过程中的自主探究和交流互动。通过在线教学平台提供的互动课堂和在线讨论等方式，促进了学生之间的交流和互动，增强了学生的学习动力和学习效果。

混合教学模式通过灵活性和个性化定制的学习方式，促进了法学本科教育的改革和创新，为培养高素质法学人才奠定了坚实的基础。

## 第二节 “互联网+”时代法学本科教育存在的问题

### 一、“互联网+法学”的教育观念尚未成熟

#### （一）对“互联网+法学”教育概念的认识不足

在“互联网+”时代，各行各业都在探索如何与互联网相结合，法学领域也不例外。然而，“互联网+法学”这一概念的确切含义并不明确，不同人可能有不同的理解。有些人认为它仅仅是指利用互联网技术辅助法学本科教育，而另一些人可能将其理解为法学与互联网深度融合的一种教育模式。这种模糊不清的概念界定导致了人们对其认识的混乱和不足。传统的法学本科教育主要围绕法律理论、法律制度等内容展开，而“互联网+法学”则需要涉及互联网技术、信息安全、数据法律、网络法律等新兴领域①。这种知识范畴的扩展使得学习者需要具备更广泛的知识和技能，但目前法学本科教育体系对于这些新领域的覆盖还相对不足。传统的法学本科教育注重法律理论和法律知识的传授，而“互联网+法学”则更加注重学生的实践能力和创新意识培养。然而，由于教育体制的惯性和传统观念的束缚，很多院校在教学理念和方法上并未及时更新，导致人们对“互联网+法学”教育概念的认识不足。

社会对于“互联网+法学”教育的概念理解存在着一定程度的模糊性。这种模糊性导致了人们对于这一教育形式的认知不足，甚至存在误解。有些人认为

① 陈永蓉．“互联网+”视域下民办应用型大学法学教学改革研究［J］．法制博览，2023，（04）：163-165.

"互联网+法学"仅仅是利用互联网技术进行远程教学，而另一些人则将其视为一种革新的教育模式，可以彻底改变传统法学本科教育的方式和形式。因此，一些人对于"互联网+"时代的法学教育持有过高的技术期待，认为互联网技术可以解决一切法学教育难题。他们期望通过互联网技术实现教育资源的无限共享和个性化定制，忽视了法学教育本身的特点和复杂性。这种技术过度期待导致了对于"互联网+法学"教育的认知偏差。在传统教育模式下，应试教育的倾向在一定程度上延续到了"互联网+"时代的法学本科教育中。一些人过于关注"互联网+法学"教育对应试成绩的提升，而忽视了其对学生综合素质和创新能力的培养。这种应试教育倾向也是对"互联网+法学"教育认知的偏差之一。

针对以上问题，我们需要采取一系列措施来加强对"互联网+法学"概念的认知和理解：首先，明确"互联网+法学"的概念和范畴，加强对于这一概念的界定和解释，使其具有更明确的内涵和外延。其次，完善法学本科教育体系，扩大知识范畴，加强对互联网技术、信息安全、数据法律等新兴领域的覆盖，使学生能够掌握更广泛的知识和技能。再次，更新教育理念，重视学生的实践能力和创新意识培养，引导学生积极参与"互联网+法学"教育实践活动，提升其在实际工作中的适应能力和竞争力。最后，加强对教师和教育管理者的培训和引导，提高他们对"互联网+法学"教育概念的认识和理解，推动法学本科教育的改革和创新。

### （二）教育观念转变的挑战和问题

#### 1. 传统教育范式下的固有思维定式

传统教育范式的固有思维定式源于长期以来对于教育模式的传承和惯性认知。在传统教育中，教学模式主要是以教师为中心的单向传授，学生被动接受知识，评价体系则更加偏重应试成绩。这种教育模式造成了教育观念的僵化，阻碍了对"互联网+法学"教育新理念的接受和实践。

首先，传统教育模式下存在着对于教师的崇拜和依赖。教育体制长期以来将教师视为知识的唯一传授者和权威代表，学生往往习惯于被动接受教师的灌输，缺乏自主学习和创新能力。在"互联网+"时代，教师的角色和地位正在发生着变化，从单一的知识传授者转变为学习的引导者和合作伙伴。然而，许多教育者和学生对于这种新型教师角色的接受和适应存在着困难，需要时间和过程来逐步调整教育观念。其次，传统教育模式存在着对于教育评价的固化标准和体系。长期以来，应试教育的评价体系主要以考试成绩为导向，忽视了学生的综合素质和创新能力。在“互联网+”时代，教育评价体系需要更加多元化和灵活化，注重学生的个性发展和实际能力的培养。然而，由于传统教育模式的惯性影响，许多教育者和学生仍然固守着“应试成绩至上”的教育理念，对于新型评价体系的接受和实践存在着一定的难度。最后，传统教育模式存在着对于课堂教学方式的僵化和固守。在传统教育中，课堂教学主要以讲授为主，学生被动接受知识，缺乏积极参与和实践经验。然而，在“互联网+”时代，课堂教学需要更加注重学生的主体性和互动性，通过案例分析、小组讨论等形式培养学生的思辨能力和实践能力①。然而，由于传统教育模式的束缚和惯性，许多教师和学生对于这种新型教学方式的接受和实践存在一定的困难。

传统教育范式下的固有思维定式是影响“互联网+法学”教育发展的一个重要因素。要促进教育观念的转变，需要对教师角色重新定义，对和评价体系进行更新，引导教育者和学生树立开放、创新的教育理念，推动“互联网+法学”教育的健康发展。

**2. 教育政策与体制对新教育模式的制约与适应性**

教育政策与体制的制约使得“互联网+法学”教育在政策支持和资源保障方面存在不足。当前，我国的教育政策和体制还处于适应“互联网+”时代的转型阶段，尚未形成完善的政策框架和支持体系。在法学本科教育中，政策法规对于在线教育、混合教学等新模式的规范性文件和指导意见尚未健全，给予的政策倾斜和资源投入也相对较少。这种政策上的制约导致了“互联网+法学”教育在发展过程中面临着政策环境不确定、资源匮乏等问题，制约了其进一步的发展和深化。同时，教育体制的刚性和惯性也成为“互联网+法学”教育转型的阻碍。传统的法学本科教育体制主要以院校为主导，教学过程主要在校园内完成，师生面对面的传统模式占据主导地位。然而，“互联网+”时代要求教育跨足校园，融合线上线下资源，实现教育的全方位和个性化发展。但是，传统的教育体制往往对于新型教育模式的接受和实践存在着一定的阻力，校内部门之间的协作机制尚未健全，课程设置、教学资源等方面的调整和转型需要面临较大的阻力。教育体制的刚性也同时表现在教育机构的管理和运行模式上。传统的法学院校在教学管理、教师评价、课程设置等方面存在着较为固化的管理模式，难以适应“互联网+”

① 李一炘．“互联网+”时代法学人才培养的机遇与挑战——以学生视角为切入点［J］．佳木斯职业学院学报，2023，39（01）：94-96.

时代教育的需求和变革。教育体制的僵化导致了教育改革的滞后和阻碍，使得"互联网+法学"教育发展受到限制。

要想解决"互联网+法学"教育观念尚未成熟的问题，需要在教育政策与体制方面进行改革和创新。政府应加大"互联网+法学"教育的政策支持力度，制定相关的政策法规，明确发展方向和政策导向。教育机构应调整教学管理机制，推动校内各部门之间的协同合作，加强课程设置、教学资源开发等方面的改革，以适应"互联网+"时代法学本科教育的要求。同时，还需要加强对教师和学生的培训和引导，提高其对于"互联网+"时代新型法学教育观念的认知和接受度，推动"互联网+法学"教育健康、持续发展。

## 二、教师对互联网技术应用能力不足

### （一）教师在"互联网+"时代的技术能力现状

首先，对于互联网技术的了解程度是影响教师应用能力的关键因素之一。在当今数字化、信息化的时代，互联网技术日新月异，新技术、新应用层出不穷。然而，部分教师由于年龄、教育背景等原因，对于互联网技术的了解程度可能相对滞后，甚至存在一定的局限性。这导致了一些教师在教学过程中无法充分利用互联网技术，或者对于新兴技术的应用面临障碍。其次，教师在互联网技术的应用程度评估方面也存在一定的问题。当前，虽然许多教育机构提倡教师应用信息技术进行教学，但对于教师的技术能力评估往往停留在表面，缺乏系统、科学的评估机制和标准。同时，一些教师在互联网技术应用方面缺乏有效培训和指导，无法及时提升技术能力，从而影响了他们在教学中的应用互联网技术的水平和效果。

针对教师对互联网技术应用能力不足的问题，有必要采取一系列措施加以解决。首先，教育机构可以通过开展针对教师的专业培训和技术培训，提升教师的互联网技术应用能力。这包括举办技术研讨会、培训班等形式，让教师了解最新的互联网技术发展动态。其次，建立完善的教师技术能力评估机制和标准，对教师的技术水平进行定期评估和反馈，帮助他们发现问题、改进提升。同时，教育机构还可以通过引入外部专业人才、建立合作机制等方式，吸引更多具有互联网技术专业知识和经验的人员参与到法学本科教育中，为教师提供更多的技术支持和指导。通过以上措施的综合应用，有助于逐步解决教师对互联网技术应用能力不足的问题，推动法学本科教育与"互联网+"时代的深度融合。

### （二）如何提高教师对互联网技术的应用能力

#### 1. 教师专业技术培训计划的制订与实施

制订并实施教师专业技术培训计划是至关重要的，以下是如何提高教师对互联网技术应用能力的一些关键措施，包括教师专业技术培训计划的制订与实施：①需求调研和分析。在制订教师专业技术培训计划之前，需要进行充分的需求调研和分析，了解教师的实际需求和技术水平。这可以通过问卷调查、面对面交流、教学观察等方式进行，以确保培训计划的针对性和有效性。②培训内容设计。根据教师的需求和现实情况，设计涵盖广泛且实用的培训内容，包括基础的互联网技术知识、教学软件的使用、在线教学平台的操作等。培训内容应具体、可操作性强，能够帮助教师提高对互联网技术的应用能力。③培训方式。在培训计划中采用多样化的培训方式和形式，包括专业讲座、工作室、实践操作、案例研讨、远程在线培训等。这样可以更好地满足不同教师的学习需求，提高培训的效果。④培训资源准备。确保培训资源的充足和质量，包括教材、案例、视频教程、实验室设备等。培训资源的选择应当与培训内容相匹配，能够帮助教师更好地理解和掌握互联网技术。⑤培训计划的实施与跟进。制订完善的培训计划，并严格执行，确保培训计划按时进行。同时，需要进行培训效果的跟进和评估，根据评估结果及时调整培训计划，提高培训的实效性和持续性。⑥激励机制建立。设立激励机制，鼓励教师积极参与培训。可以通过奖励、晋升等方式，激发教师的学习积极性和主动性。

通过以上措施的综合实施，可以有效提高教师对互联网技术的应用能力，推动“互联网+”时代法学本科教育的高质量发展。

#### 2. 教师技术能力提升的持续性发展机制建立

第一，建立起持续性的培训机制。这意味着不仅仅是一次性的培训，而是需要定期组织培训活动，如专业技术培训、研讨会、学术交流会等形式，以便法学教师能够及时了解和掌握新的互联网技术、教学方法和工具。第二，建立起相应的评估机制。在持续性的培训过程中，需要建立相应的评估机制，以评估教师的技术能力情况，并根据评估结果对培训计划进行调整和优化。这可以通过定期的技能测试、教学观察、学生评价等方式来进行，以确保培训的有效性和针对性。第三，提供多样化的学习资源和平台。除了传统的培训形式外，还可以通过建立在线学习平台、提供教学资源共享平台等方式，为教师提供更加便捷、灵活的学习途径和资源①。这可以让教师根据自身的时间和兴趣，选择适合自己的学习方式和内容，从而提高教学的积极性和效果。第四，建立起良好的学习氛围和文化也是非常重要的。通过鼓励教师间的互相学习、分享经验和交流成果，营造出良好的学习氛围和合作文化，可以进一步激发教师的学习热情和动力，促进他们的技术能力不断提升。第五，还需要加强对教师的激励和支持。通过建立起相应的激励机制，如奖励优秀教师、提供晋升机会等，进一步激发教师的学习积极性和投入度，从而推动其对互联网技术应用能力的持续提升。

综上所述，建立教师技术能力提升的持续性发展机制是非常重要的，它可以帮助教师不断提高自己的技术水平，更好地适应"互联网+"时代法学本科教育提出的新要求，促进法学本科教育的持续发展。

## 三、现有的互联网教学方式存在弊端

### （一）在线教育的局限性和挑战

首先，需要对在线教育模式的适用范围和不足之处进行全面分析。虽然在线教育具有诸多优势，如灵活性、便利性和多样性等，但其适用范围存在一定局限性。特别是对于法学这类需要实地调研和案例分析的学科而言，在线教育的局限性更加明显。在线教育可能无法提供足够的实践性学习机会，学生难以获得充分的实践经验，从而影响他们的专业能力和实际应用能力的培养。其次，需要对在线教育对于法学教学的实际应用情况进行评估。虽然在线教育在某些方面能够为法学教学带来便利和创新，例如，通过视频课程和在线讨论平台扩展了学生的学习资源，但其在法学教学中的实际应用效果还需要进一步评估和验证。同时，需要关注在线教育在法学教学中的教学效果、学习动力、学生参与度等方面的表现，进而及时调整教学策略和方法，以提高在线教育在法学本科教育中的实际应用效果。

总的来说，虽然在线教育在"互联网+"时代为法学本科教育带来了新的机遇和挑战，但我们需要认真对待其存在的局限性和挑战，不断改进和完善教学模式，以提高在线教育在法学本科教育中的效果和质量。

① 游华奎."互联网+"时代下法学教育面临的挑战与应对策略［J］.吉林省教育学院学报，2022，38（12）：75-78.

### （二）如何改进现有互联网教学方式

#### 1. 创新在线教育模式与技术工具的研发与应用

学校可以通过研发和应用新的在线教育模式来改进现有的教学方式。这包括但不限于结合线上线下的混合教学模式、采用个性化教学路径、引入虚拟现实技术等。通过不断尝试和实践，可以发现更适合法学本科教育的在线教学模式，提升学生学习体验和效果。同时，技术工具的研发与应用也是改进在线教育的关键。例如，可以开发专门针对法学学科的在线学习平台或应用程序，提供丰富多样的教学资源和互动工具。同时，借助人工智能技术，可以为学生提供个性化的学习建议和辅导，帮助他们更有效地掌握法学知识。此外，还可以加强对教师的培训和支持，提升他们运用新技术的能力和水平。通过举办专门的培训课程、开展教学案例分享和经验交流等活动，可以帮助教师更好地理解和运用新的在线教学模式和技术工具，提高他们的教学效果和学生满意度。

创新在线教育模式与研发和应用技术工具是改进现有互联网教学方式的有效途径。通过不断地创新和实践，可以不断提升法学本科教育的质量和效果，为学生提供更优质的学习体验和教育服务。

#### 2. 在线教育内容的个性化定制与多样化呈现策略

首先，个性化定制教学内容是提升在线教育效果的重要手段。学校可以根据学生的学习需求、兴趣爱好、学习能力等因素，为其定制个性化的学习路径和教学内容。通过分析学生的学习数据和行为模式，可以为其推荐适合的学习资源和教学活动，从而提高学习的针对性和有效性。其次，多样化呈现教学内容也是改进在线教育方式的重要举措。可以采用多种形式的教学资源和工具，如视频课程、音频讲解、图文资料、互动游戏等，以满足不同学生的学习习惯和需求。通过丰富多样的教学内容呈现方式，可以激发学生的学习兴趣，提高他们的学习积极性和参与度。最后，还可以借助先进的技术手段，如人工智能和大数据分析等，实现对教学内容的智能推荐和个性化定制。通过分析学生的学习数据和行为模式，可以为其精准推荐符合其学习需求和兴趣的教学资源，提高学习的效率。

综上所述，在线教育内容的个性化定制与多样化呈现策略是解决现有互联网教学方式弊端的关键。通过个性化定制教学内容和多样化呈现方式，学校可以更好地满足学生的学习需求，提高他们的学习成效，推动法学本科教育向更高水平迈进。

## 四、网络资源与课堂教学并不匹配

### (一)网络资源利用不足的问题

互联网技术的发展为教学提供了丰富的资源和工具，但是在实际教学过程中，网络资源的利用并不充分，存在着一些问题。针对网络资源利用不足的问题，需要深入了解当前网络资源在法学教育中的实际应用情况。当前，许多法学本科教育机构和教师仍然依赖传统的课堂教学模式，网络资源的应用程度相对较低。很多教师对于如何利用网络资源进行教学缺乏系统的认识，导致网络资源未能得到充分利用。同时，网络资源的开发和利用也存在着技术和内容上的不匹配。虽然互联网上存在大量的法学学习资源，但是质量参差不齐，很多内容并不适合用于高质量的法学教育。此外，法学教育领域的特殊性也要求网络资源的开发需要结合法学教育的实际需求和特点，因此，需要有针对性地进行资源开发和筛选。另外，网络资源利用不足还可能与教师的技术能力和教学理念有关。一些教师对于互联网技术的应用能力不足，无法熟练地利用网络资源进行教学。一些教师可能对于传统的课堂教学模式有着固有的认知偏差，认为网络资源的应用会影响到教学效果，从而导致了网络资源的利用不足。

网络资源与传统课堂教学的融合程度不足是当前"互联网+"时代法学本科教育面临的一个重要问题。虽然互联网技术的发展为教学提供了丰富的资源和工具，但是在实际教学过程中，网络资源与传统课堂教学之间存在着一定程度的脱节，导致了网络资源未能充分地发挥作用。首先，需要评估网络资源与传统课堂教学的融合程度。在当前法学教育实践中，许多教师仍然倾向于采用传统的面对面授课模式，网络资源的应用程度相对较低。即使是利用网络资源辅助教学的教师，也往往只是简单地将网络资源作为课堂辅助材料，而没有将其与课堂教学内容进行有效的整合①。因此，网络资源与传统课堂教学之间存在着脱节现象。其次，需要分析造成网络资源与传统课堂教学融合程度不高的原因：一方面，教师对于网络资源的应用能力不足，由于缺乏相关的培训和指导，许多教师对于如何有效地将网络资源与传统课堂教学相结合并没有清晰的认知；另一方面，也存在一些技术和教学理念上的障碍，例如，一些教师可能认为传统课堂教学效果更佳，

---

① 雷锐，黎桃桃，黄丽婷．"互联网+"背景下开放教育法学专业应用能力培养模式研究［J］．广西广播电视大学学报，2022，33（02）：89-92.

对于网络资源的应用持观望态度，导致了融合程度不高。

针对以上问题，可以采取一系列措施来提高网络资源与传统课堂教学的融合程度。例如，通过加强教师的培训，提高其对于网络资源的应用能力和教学创新意识，使其能够熟练地将网络资源与传统课堂教学相结合。通过制定相关政策和措施，鼓励和支持教师利用网络资源进行教学创新，促进网络资源与传统课堂教学的有机融合。同时，还可以加强对于网络资源的研发和优化，提供更加适合于法学教学的高质量网络资源，为融合教学提供更好的支持和保障。

### （二）如何更好地整合网络资源和课堂教学

#### 1. 设计互联网资源与课堂教学相结合的教学方案

针对法学课程的特点和教学目标，教师可以选择与法学相关的优质网络资源，如在线法律数据库、法律案例分析平台、法学教学视频等，结合课堂教学内容进行有针对性的引导和讲解。通过在线资源的使用，可以丰富课堂教学内容，提高教学的多样性和趣味性，激发学生的学习兴趣和积极性。高校法学教师可利用在线教育平台和社交媒体等工具，建立法学学习社区或群聊，促进学生之间的交流和互动，分享学习资源和经验，提高学习效率和质量。通过在线平台的建设和管理，可以实现学习资源的共享和互动，打破传统课堂教学的局限，拓展学生的学习空间和社交圈子。另外，高校教师还可以结合课堂教学和在线学习资源，设计实践性和案例导向的教学活动，如法学案例分析、模拟法庭辩论、法律实务实践等，通过实际案例和活动，提高学生的问题解决能力和实践能力，加深对法学知识的理解和应用。此外，教师还能够利用“互联网+”在线教育技术，进行个性化和差异化教学。通过学习分析和数据挖掘，了解学生的学习特点和需求，为学生量身定制学习路径和教学方案，提供个性化的学习资源和服务，帮助学生更好地掌握和应用法学知识。最后，教师应该重视教学效果的评估和反馈，及时收集学生的学习反馈和意见，调整和优化教学方案，不断改进教学方法和手段，提高教学质量和效果。通过持续的评估和反馈，可以及时发现和解决教学中的问题和困难，不断提升教学水平和教学效果，为法学本科教育的发展和创新提供有力支撑。

设计互联网资源与课堂教学相结合的教学方案需要综合考虑课程内容、学生特点和教学环境等因素，注重个性化和差异化教学，充分利用网络资源和课堂教学的优势，多样化教学方法和手段，以及定期评估和反馈，从而实现教学的有效融合和优化提升。

**2. 创新教学方法与手段促进网络资源与课堂教学的互动融合**

在解决网络资源与课堂教学不匹配的问题时，创新教学方法与手段是至关重要的。可以采取这些策略：第一，采用互动式教学方法。传统的课堂教学往往是教师主导的单向讲授模式，而互动式教学可以增加学生的参与度和活跃度。通过引入互动式教学工具，如在线投票系统、实时问答平台等，可以促进学生与教师之间的双向互动，使课堂教学更加生动和有趣。第二，借助多媒体技术提升课堂教学效果。利用多媒体教学软件和设备，如电子白板、多媒体投影仪、微信，钉钉线上群直播等，将网络资源融入课堂教学中，呈现丰富的教学内容和形式。通过多媒体展示，可以直观地展示案例分析、法律文本解读等内容，激发学生的学习兴趣。第三，采用案例教学方法。案例教学是一种以真实案例为基础的教学方法，可以帮助学生理解和应用法学知识。教师可以结合网络资源和课堂教学，设计丰富多样的法学案例，引导学生进行深入思考和讨论。通过案例教学，可以培养学生的问题解决能力和实践能力，提高课堂教学的实效性和针对性。第四，注重小组合作学习。小组合作学习是一种有效的教学方法，可以促进学生之间的合作和交流，拓宽学生的视野和思维方式。教师可以借助网络平台建立学习小组，让学生在小组内共同探讨案例分析、问题解决等课题，通过合作学习提高学生的团队合作能力和沟通能力。第五，加强课堂互动和反馈。教师在课堂教学中应注重与学生的互动和反馈，及时了解学生的学习情况和困难，调整教学策略和方法。通过定期的课堂互动和问卷调查，收集学生的意见和建议，不断改进教学方式和内容，提高教学效果和学生满意度。

创新教学方法与手段可以促进网络资源与课堂教学的互动融合，提高法学本科教育的质量。通过多种教学手段的综合应用，可以使课堂教学更加丰富多彩，激发学生的学习兴趣和主动性，获得更好的教学效果。

## 五、法学实践教学的真实感较为欠缺

### （一）法学实践教学的现状和问题

法学实践教学是法学本科教育中不可或缺的一部分，旨在通过模拟真实法律案例或参与实际法律实践，培养学生的法律实践能力。然而，在“互联网+”时代，法学实践教学的真实感相对欠缺，存在一些问题。首先，法学实践教学缺乏真实性和临场性。传统的法学实践教学多采用模拟案例或虚拟环境进行，无法真实地反映法律实践的复杂性和挑战性。学生在模拟环境下的实践往往缺乏紧迫感和真实性，难以充分锻炼其解决实际法律问题的能力。其次，法学实践教学资源不足。由于法学实践教学需要大量的案例资源、实践场景和法学专业人才支持，但现实中存在案例资源匮乏、实践场景有限等问题。许多学校和教育机构缺乏足够的实践资源和条件，导致法学实践教学无法达到预期的效果。再次，法学实践教学与法律实践之间存在脱节。部分法学实践教学过于理论化，与法律实践之间存在一定的距离，无法有效地将理论知识与实践能力相结合。学生在实践中难以将所学知识应用到实际案例中，缺乏对法律实践的深入理解和把握。最后，师资队伍的不足。一些学校和教育机构在法学实践教学方面缺乏具有丰富实践经验和专业知识的教师和相关指导人员，无法有效地指导学生进行实践活动。缺乏优秀的师资队伍也限制了法学实践教学的进一步发展。

针对以上问题，可以采取一系列措施加以解决。通过加强实践资源的建设和开发，拓展法学实践教学的场景和案例资源，提高教学的真实性和临场性①。通过加强师资队伍的培养和建设，引进具有丰富实践经验和专业知识的教师和指导人员，提高教学水平和质量。与此同时，加强学校与法律实践机构的合作，拓展学生的实践机会和渠道，促进理论与实践的有效结合，提升法学实践教学的真实感和实效性。

### （二）如何提高法学实践教学的真实感

#### 1. 加强与法律实践机构的合作与互动

在当前“互联网+”时代，法学实践教学的真实感相对欠缺，这在很大程度上影响了法学本科教育的质量和效果。为了提高法学实践教学的真实感，加强与法律实践机构的合作与互动显得尤为重要。

法学实践教学的真实感缺乏主要是由于传统的教学模式相对封闭和过于理论化，与实际法律实践之间存在较大脱节所致。因此，与法律实践机构的合作与互动可以有效地弥补这一不足。学校与律师事务所、法院、企事业单位等法律实践机构建立紧密合作关系，学生可以更直接地参与到真实的法律实践中，接触到实际的案件和法律问题，从而增强他们的实践能力和应变能力。通过加强与法律实践机构的合作还可以为学生提供更广阔的实习机会。通过与这些机构合作，学校可以为学生提供更多的实习岗位和实践项目，让他们在实践中学习、在实践中成

---

① 郭祥众．“互联网+”时代法学教学模式创新研究［J］．佳木斯职业学院学报，2022，38（03）：119-121.

长。这种直接参与法律实践的方式不仅能够让学生更好地了解法律实践的本质和要求，还可以培养他们的实践能力、团队合作能力。此外，加强与法律实践机构的合作也有利于促进学校与社会的深度融合。法学本科教育应当与社会实践相结合，使学生的法律学习与社会需求相契合。通过与法律实践机构的合作，学校可以更好地了解社会对法学人才的需求和期望，及时调整教学内容方法，培养适应社会发展需求的高素质法学人才。

在加强与法律实践机构的合作与互动过程中，需要学校和法律实践机构共同努力，建立长期稳定的合作关系。学校应当加强与法律实践机构的沟通与交流，积极了解法律实践机构的需求和期望，根据实际情况灵活调整教学计划和安排。同时，法律实践机构也应当积极支持学校的教学工作，为学生提供良好的实践平台和实践环境，共同促进法学实践教学真实感的提升。

**2. 设计创新性的法学实践教学方案与活动**

在当前"互联网+"时代，法学本科教育面临着法学实践教学真实感欠缺的问题，这影响了学生的实践能力和专业素养的培养。因此，为了提高法学实践教学的真实感，需要设计创新性的法学实践教学方案与活动。

首先，设计创新性的法学实践教学方案至关重要。传统的法学实践教学往往局限于课堂教学和模拟案例分析，缺乏真实的法律实践环境和情境。因此，教师可以借助"互联网+"技术和现代教学手段，设计更具挑战性和创新性的法学实践教学方案。例如，组织学生参与真实的法律咨询活动、模拟法庭辩论、法律实务案例研讨等，让学生置身于真实的法律实践场景中，提升他们的实践能力和应变能力。其次，丰富多样的法学实践教学活动也是提高其真实感的关键。除了传统的模拟案例分析和实践演练外，还可以引入更具创新性和趣味性的教学活动，如法律角色扮演、法律案例解析比赛、法律科技应用创意设计等。这些活动可以激发学生的学习兴趣和参与热情，提高他们的实践能力和创新能力。再次，注重跨学科和跨行业的合作也是提高法学实践教学真实感的有效途径。法学实践教学不应该仅局限于法学领域，还应该与其他学科和行业相结合，融合多元化的实践资源和经验。例如，可以与信息技术、人力资源、金融等领域的实践机构合作，开展跨学科的案例研究和项目实践，让学生更全面地理解法律在不同领域的应用和影响。最后，借助现代化的教学技术和教学手段也是提高法学实践教学真实感的重要途径。通过利用虚拟仿真技术、远程实践平台、在线模拟实验等教学工具，可以为学生打造更真实、更丰富的法学实践环境，提升他们的实践能力和专业素养。

综上所述，设计创新性的法学实践教学方案与活动，可以有效提高法学实践教学的真实感，促进学生的全面发展和素质提升。在“互联网+”时代，借助现代化的教学手段和跨学科合作，将法学实践教学与社会实践相结合，为学生提供更广阔的发展空间和更丰富的学习体验。

## 第三节　“互联网+”时代法学本科教育现存问题的成因

### 一、法学本科教育课程设置不合理

#### （一）法学课程设置的现状和问题

**1. 法学本科教育课程结构的传统性和僵化性分析**

在“互联网+”时代，法学本科教育课程设置不合理这一问题的根源主要体现在法学课程设置的现状和存在的问题上。

首先，我们需要认识到传统法学本科教育课程结构的传统性和僵化性。传统的法学本科教育课程设置往往固守于原有的学科分类和课程体系，缺乏与时代发展和社会需求相适应的更新和调整。传统法学课程设置通常包括法理学、法史学、法律逻辑、刑法、民法、经济法、行政法等基础课程，这些课程的设置较为固定，缺乏灵活性。这种传统的课程设置导致法学本科教育的僵化和单一化，无法满足学生个性化发展和综合素养培养的需求。其次，传统法学本科教育课程结构存在内容单一的问题。传统法学课程设置以法律理论和法律知识传授为主，忽视了法学本身的多学科交叉特性和实践应用需求。这种内容单一的课程设置模式使得学生在学习过程中难以获得全面的法学知识和跨学科的思维能力，影响了他们的综合素养和实践能力的培养。最后，传统法学本科教育课程结构还存在与时代发展不适应的问题。随着社会经济的快速发展和信息技术的普及，法学领域也面临着新的挑战。然而，传统的法学课程设置无法及时跟上时代发展的步伐，缺乏对新兴法律问题和法律实践需求的适应。例如，随着互联网、人工智能、大数据等新技术的兴起，涉及网络安全法、数据隐私法、知识产权法等新兴法律领域的法学知识需求日益增长，但传统法学课程结构未能及时调整和更新，导致法学本科教育与时代发展的脱节。

总的来说，传统法学本科教育课程设置不合理的问题主要体现在传统性和僵化性、内容单一性以及与时代发展不适应等方面。为了应对这一问题，需要通过调整和优化法学本科教育课程设置，加强对跨学科知识和新兴法律领域的覆盖，提升法学本科教育的质量，以满足社会对法学人才的需求，推动法学本科教育朝着更加多元化、开放化和创新化的方向发展。

**2. 法学课程设置与法学专业需求的脱节情况评估**

传统的法学本科课程设置沿袭了长期以来的传统模式，主要以法律理论、法律知识和法律技能的传授为主，忽视了法学专业发展的多样性和跨学科的特点①。然而，在当今社会，法学专业的发展已经不再局限于传统的法律学科范畴，而是与其他学科交叉融合，形成了诸如法律经济学、法律科技学、法律人文学等新兴领域。传统的法学课程设置未能充分考虑到这些新兴领域的发展需求，导致了法学本科教育与法学专业需求的脱节。随着社会的发展和法学专业的多元化，法学人才需求已经不再局限于传统的法律从业领域，而是涉及政府机构、企业组织、社会组织等多个领域。然而，传统的法学本科课程设置过于侧重理论知识和学科专业，忽视了对学生实际工作能力和综合素养的培养。这导致了法学本科教育与社会实践需求之间的脱节，使得法学毕业生在社会就业和实践中面临着一定的困难和挑战。另外，法学本科课程设置的单一性和僵化性也是导致其与法学专业需求脱节的重要原因之一。传统的法学本科课程设置往往过于注重基础理论和学科知识的传授，忽视了对学生综合能力和创新意识的培养。这种单一和僵化的课程设置模式使得学生在学习过程中缺乏对多元学科知识的了解和应用能力，难以适应现代社会对法学人才的复合型需求。

法学课程设置与法学专业需求的脱节情况主要体现在与时代发展的脱节、与社会实践需求的不匹配以及课程设置单一性和僵化性等方面。因此，需要通过调整和优化法学本科课程设置，加强对跨学科知识和新兴领域的覆盖，提升法学本科教育的质量，以满足社会对法学人才的需求，推动法学本科教育朝着更加多元化、开放化和创新化的方向发展。

### （二）如何合理设置法学本科教育课程

**1. 根据法学发展趋势调整课程设置与内容**

为了使法学本科教育更好地适应时代发展和社会需求，可以采取合理设置法学本科教育课程的措施：第一，根据法学的发展趋势调整课程设置与内容。随着

① 毋晓蕾．互联网时代法学教育面临的挑战与应对策略［J］．兴义民族师范学院学报，2022，（01）：88-92.

社会的变革和科技的发展，法学领域不断涌现出新的研究方向和应用领域，如法律科技、法律人工智能、数字法律等。因此，需要及时调整法学本科课程设置，引入与时代发展和科技进步相适应的新课程内容，包括但不限于信息技术在法律实践中的应用、数据分析与法律决策等内容，以满足学生对新知识的需求，培养学生的创新能力和实践能力。第二，注重跨学科和综合性课程设置。在法学本科课程设置中，应该注重跨学科的融合和综合性的培养。法学作为一门综合性的学科，与政治学、经济学、社会学、心理学等学科密切相关，应该在课程设置中引入相关学科知识，促进学生全面发展。同时，可以设置一些跨学科的选修课程，让学生有更多的选择空间，培养他们的综合素养和跨学科能力。第三，强化实践教学环节，提升课程实践性和应用性。传统的法学课程设置往往偏重于理论知识的传授，忽视了实践教学的重要性。因此，应该在课程设置中增加实践性和应用性较强的课程内容，如案例分析、模拟法庭、实地调研等，通过实践教学使学生能够将理论知识与实际问题相结合，提升他们的实践能力和解决问题的能力。第四，注重个性化课程设置，满足学生的个性化学习需求。在法学本科课程设置中，应该考虑到学生的个性化学习需求，设置个性化课程或选修课程，让学生根据自己的兴趣和专业方向选择适合自己的课程内容，提升学习的积极性和效果。

**2. 引入跨学科和前沿科技知识，拓展法学课程范围**

随着社会的发展和进步，法学领域与其他学科的交叉日益频繁，如法律与经济学、政治学、社会学等。因此，在法学本科课程设置中，可以适度引入与其他学科相关的知识，建立跨学科课程体系。比如，可以设置法律经济学、法律社会学等跨学科课程，使学生能够在学习法学知识的同时，了解相关学科的基本理论和方法，提升其综合素养和专业能力。随着信息技术的迅速发展，法学领域也面临着与科技相结合的挑战。因此，在法学本科课程设置中，可以适度引入前沿科技知识，如人工智能、大数据、区块链等，探讨科技对法律领域的影响和应用，培养学生的科技意识和信息化能力。例如，可以设置法律科技与创新、数字法律等课程，让学生了解法律与科技的结合点，提高其应对科技变革的能力。还可以通过拓展法学课程的范围，引入一些新兴领域的知识，如环境法、国际法、知识产权法等，以满足学生对不同法律领域的学习需求[①]。同时，可以设置一些与实际

① 张晓远，寇佳惠．“互联网+”背景下高校法学教学改革的困境与出路［J］．大学，2021，（47）：103-106.

工作和社会需求密切相关的专业课程，如法律实务、法律文书写作、法律案例分析等，让学生能够更好地适应社会工作和职业发展的需要。

综上所述，合理设置法学本科教育课程需要引入跨学科和前沿科技知识，拓展法学课程范围，使课程更加综合性，适应时代发展的需求。这不仅可以提高法学本科教育的质量和水平，还能够培养出更多具有创新精神和实践能力的法学人才，为法学领域的发展做出积极贡献。

## 二、法学本科专业开设成本和门槛比较低

### （一）法学专业开设成本低的原因和影响

#### 1. 法学本科专业开设的经济成本分析

据上海电力大学新闻网在 2022 年转载的《解放日报　上海观察》大数据盘点，上海大学、上海师范大学、上海理工大学、上海音乐学院、上海戏剧学院等上海 10 校，平均生师比为 20∶1 左右，每名教师带教的学生数多则达 30 多个，少则不到 7 个，如艺术类院校。其中值得注意的是，不仅上海大学生均成本最低的学科是法学，其他 9 校综合下来，生均成本最低的也是法学。在上海大学，法学生均成本甚至比人文学科更低。对此，原上海大学总经济师张平伟认为，这主要是"生师比"造成的差异。也就是说，法学学生与教师的比例可能不如其他学科，比如，每 20 个甚至更多的学生才配有 1 个教师，那么平均每个学生的师资成本就比较低了。因此法学本科专业开设成本相对较低的原因之一是学科特点和教学资源需求较少。相比于某些实验性强、设备需求大的专业，如理工科、医学等，法学专业所需的实验室设施和实验材料较少，教学资源相对简单，因此导致了法学专业开设成本相对较低。另外，法学本科教育所需的师资力量相对容易获取。法学专业的教师队伍主要以从事法律实务或者司法行政工作的法律专业人士为主，他们具备了丰富的实践经验和教学经验，容易满足法学本科教育的师资需求。而法学专业本身的社会需求较高，因此吸引了更多的院校开设该专业。随着法治社会建设的不断深入，对法律人才的需求也在不断增加。因此，为了满足社会对法学人才的需求，很多高校纷纷开设了法学专业，导致了法学专业的竞争加剧，进而降低了该专业的门槛和成本。与此同时，随着信息化技术的发展和普及，许多高校开始将法学课程纳入了在线教育的范畴，采用网络教学的形式进行教学，进一步降低了法学本科教育的开设成本。在线教育模式的采用，不仅能够节约教学成本，还能够满足更多学生的学习需求，提高教学效率和质量。

法学专业开设成本低的原因主要包括学科特点、师资力量获取、社会需求和信息化技术等多方面。这种低成本开设的情况不仅降低了法学本科教育的门槛，也为更多学生提供了接受法学本科教育的机会，同时也对法学本科教育质量和竞争力提出了新挑战。

**2. 低门槛开设法学专业对专业质量的影响**

低门槛会影响法学专业的师资队伍质量。由于门槛低，各个高校开设法学专业的数量大幅增加，需要大量的法学教师来满足教学需求。然而，招聘足够数量的高质量师资并非易事。一些高校可能会因此放松对师资的要求，导致招聘到的教师在学术水平、教学经验等方面存在不足，进而影响到法学专业的教学质量。而低门槛也导致学生素质层次不一。因为门槛低，招生范围扩大，吸引了更多的学生报考法学专业。然而，由于学生的基础水平、兴趣爱好等方面存在差异，导致了学生在入学后的学习能力和理解能力有所不同。这样的情况下，教师在教学过程中面对的是来自不同层次的学生，难以实现个性化教学和教育目标的精准对接，从而影响了教学效果和质量。此外，低门槛引发法学专业教学资源分配不均衡的问题。由于各高校纷纷开设法学专业，导致资源配置不均衡。一些名校可能会投入更多的资源用于法学本科教育，拥有更优质的教学条件和师资力量，而一些普通高校由于资源相对匮乏，可能无法提供同等水平的教学资源。这种不均衡的资源配置会导致法学本科教育质量出现差异化，影响整个行业的声誉和形象。低门槛还会导致法学专业毕业生就业竞争激烈。由于法学专业的招生门槛降低，导致了毕业生数量的增加，进而使得法学专业毕业生面临更为激烈的就业竞争。这种情况下，一些毕业生可能会面临就业困难，或者就业岗位与所学专业不太匹配的问题，影响毕业生的职业发展。

低门槛开设法学专业可能会对专业质量产生一系列负面影响，包括师资队伍质量下降、学生素质层次不一、教学资源不均衡分配以及毕业生就业竞争激烈等问题。因此，必须采取有效措施，提高法学专业的招生门槛，保证教育质量和行业声誉。

### （二）提高法学专业开设门槛的建议

**1. 设立专业评估标准和认证机制**

为了提高法学专业的开设门槛，应设立专业评估标准和认证机制。这意味着要建立一套科学合理的法学专业评估机制，对各高校法学专业进行全面评估，从而确保其符合教学质量要求。评估标准可以包括教学资源、师资力量、教学管理等方面的要求，通过对各项指标的评估，评定各高校法学专业的水平和质量，并对达到一定标准的专业进行认证，以确保教学质量和教学水平的稳步提升。只有达到要求的高校才能开设法学专业，提高了专业的门槛。师资队伍是影响法学专业教学质量的重要因素之一，因此，应该加强对法学专业教师的选拔、培训和考核，提高其专业水平和教学能力。高校可以通过加强教师培训、鼓励教师参与学术研究和实践活动等方式，提升教师的教学水平，从而保障教学质量。此外，还可以建立健全教师考核激励机制，对教学优秀的教师给予相应的奖励和荣誉，激励其提升教学质量。加强对法学专业课程设置和教学内容的调整也是提高专业门槛的关键，随着时代的发展和社会的变迁，法学领域的知识和技术也在不断更新，因此，需要及时调整和更新法学专业的课程设置和教学内容，使其与时俱进，符合社会需求。同时，还应该加强对课程设置的审核和管理，确保各门课程的设置科学合理、内容丰富全面，符合学科特点和教学目标，从而提高专业的教学质量和水平。同时建议加强对法学专业毕业生的就业指导和跟踪服务，引导其积极面对就业挑战。高校可以通过建立健全的毕业生就业指导体系，为学生提供就业信息、职业规划、择业技巧等方面的指导和帮助，帮助他们顺利就业。同时，还可以加强对毕业生就业情况的跟踪和反馈，及时了解毕业生就业状况和就业质量，为提高专业质量和教学水平提供参考和依据。

**2. 加强对法学专业师资和教学条件的要求与监管**

教师是法学专业教学的关键环节，其素质直接影响教学质量。因此，应该对法学专业教师的学历、学术背景、教学经验等方面提出更高的要求，确保其具备扎实的专业知识和丰富的教学经验。同时，应该建立健全的教师选拔机制和评价制度，通过公开招聘、定期评估等方式选拔优秀的法学专业教师，提高教师队伍的整体素质和水平。教学条件是保障教学质量的重要保障，应该加强对法学专业教学设施和实验条件的建设和管理。具体来说，各高校应建立完善的法学教学实验室和实践基地，提供良好的教学设施和设备，为学生提供实践和机会。同时，还应该加强对教学条件的监管，确保各高校的教学条件达到一定的标准和要求，保障教学质量和教学水平。加强对法学专业教学计划和课程设置的管理和监督也是关键，应该建立健全的课程设置和教学计划审核机制，对各高校的法学专业课程设置和教学计划进行严格审核和监督，确保其科学合理、符合学科发展趋势和社会需求。同时，还应该加强对教学内容和教学方法的监督和评估，鼓励各高校开展创新性教学，提高教学水平和质量。加强对法学专业教学质量和教学成果的评估和考核，建立健全教学质量评价体系，对各高校的法学教学质量和教学成果进行定期评估和考核。通过对教学质量的评估和考核，发现问题、及时整改，不断提高教学水平和质量。

加强对法学专业师资和教学条件的要求与监管，对提高专业开设门槛具有重要意义。通过加强师资队伍建设、提升教学条件、规范课程设置和教学质量评估，可以有效提高法学专业的教学质量和专业水平，保障教育质量和培养质量。

## 三、法学本科教育方式方法过于陈旧

### （一）传统法学本科教育方式的局限性和问题

#### 1. 传统法学本科教育模式对学生思维能力的限制

传统法学本科教育方式在“互联网+”时代所面临的问题主要体现在对学生思维能力的限制。传统的法学本科教育往往采用单一的教学方式，如课堂讲授、教科书阅读、笔记整理等，而这种方式存在着一定的局限性和问题。

首先，传统法学本科教育往往以传授知识为主，忽视了学生思维能力的培养。传统的课堂讲授模式注重教师的讲解，学生被动接受知识，缺乏主动探究和独立思考的意识。这种单一的教学方式难以激发学生的学习兴趣和探究欲望，无法培养学生的批判性思维、创新性思维和问题解决能力。其次，传统法学本科教育模式容易造成学生的被动学习和机械记忆。在传统的教学模式下，学生往往缺乏法律实践和应用法律知识的机会，导致知识难以内化和转化。而法学是一门实践性强的学科，单纯的理论学习很难帮助学生解决法律实践中的具体问题。最后，传统法学本科教育模式往往忽视了学生个体差异和多样化的学习需求。每个学生的学习方式和习惯都不同，在传统一刀切的教学模式下，学生缺乏自主学习的机会，难以培养学生的自主学习能力。

#### 2. 法学本科教育模式在学生实践能力培养方面的欠缺

第一，传统法学本科教育模式在课堂教学中主要侧重于理论知识的传授，忽视了学生实践能力的培养。教师往往将大量时间用于讲解法律理论、解读案例和法条，而缺少实际案例分析、模拟法庭辩论、实地调研等实践性教学环节①。这种教学方式使得学生在学习过程中缺乏与实际问题联系的机会，难以将所学理论知

① 冯瑞琳，王至宇，周子璇．“互联网+”高校法学实践教学平台的建设与应用［J］．河北工程大学学报（社会科学版），2021，38（04）：117-122.

识应用到实际工作中去，从而影响了他们的实践能力的培养。第二，传统法学本科教育模式在课程设置和教学安排上存在着实践性课程的匮乏。大部分法学课程更偏向于理论性和基础性，很少涉及实际的案例分析、法律实务操作和实地调研等实践性环节。而实践性课程对于培养学生的实践能力和操作技能至关重要，缺乏这些课程的法学本科生往往在毕业后面临实际工作时存在着能力匮乏的问题。第三，传统法学本科教育模式在评价体系上也存在对实践能力的忽视。很多考试评价更偏向于学生对理论知识的掌握程度，而对于实践操作和解决实际问题的能力评价较为薄弱。这种评价体系使得学生更加注重理论学习，而忽视了实践能力的培养。

针对传统法学本科教育模式对实践能力的欠缺问题，需要采取一系列措施加以解决。应当调整课程设置，增加实践性课程的比重，如案例分析课程、模拟法庭课程、实地调研课程等，为学生提供更多的实践机会。还可以引入实践性评价方式，如案例分析报告、实际项目设计等，来全面评价学生的实践能力和应用能力。通过加强与法律实践机构的合作，为学生提供实习机会，让他们在实际工作中学以致用，提升实践能力。通过这些措施的落实，可以有效弥补传统法学本科教育模式对实践能力培养的不足，使学生更好地适应法学领域的实际工作需要。

### （二）如何更新法学本科教育方式方法

#### 1. 探索问题导向和案例教学模式

在"互联网+"时代，法学本科教育方式方法过于陈旧的问题日益显现，而如何创新法学本科教育方式方法成为当前亟待解决的重要课题。其中，探索问题导向和案例教学模式被认为是一种行之有效的途径，有助于提升教学质量和培养学生的综合能力。

问题导向教学模式以问题引导学习过程，激发学生的思维和探索兴趣。传统的法学本科教育往往以知识传授为主，学生被动接受知识，缺乏主动探究的机会。而问题导向教学则强调学生在解决实际问题的过程中积累知识、应用知识，注重学生的主动性和参与性。通过提出真实的法律问题，引导学生运用所学知识进行分析和解决，促进了他们的思维能力和创新意识的培养。案例教学模式是一种以案例为主要教学资源的教学方法，能够将抽象的法律理论与实际情境相结合。通过具体案例的讨论和分析，帮助学生理解和应用法律知识，培养他们的法律思维和实践能力。通过分析真实案例，学生可以从中学习到法律原理、法律规则，培养解决法律实际问题的能力。

在实施问题导向和案例教学模式时，教师扮演着重要的角色。他们需要为学生提供合适的问题和案例，引导他们进行深入思考和讨论，同时及时给予指导和反馈。同时，教师还需要根据学生的实际情况和反馈及时调整教学内容和方法，保证教学的有效性和学生的参与度。此外，学校和教育机构也应加强对教师的培训和支持，提供相应的资源和平台，鼓励教师在教学实践中不断探索创新，不断完善教学内容和方法。通过共同努力，问题导向和案例教学模式将为法学本科教育方式方法的更新带来新的活力和机遇，为学生的综合素质提升和专业能力培养提供有力支撑。

**2. 引入信息技术手段和实践项目，提升教学效果**

引入信息技术手段是提升法学本科教育效果的关键。在“互联网+”时代，通过利用在线教学平台、多媒体教学资源、虚拟仿真实验等，教学内容得以丰富化和多样化，从而激发学生的学习兴趣和自主学习能力。通过网络课程、在线讨论、远程教学等方式，学生能够打破时间和空间的限制，获得更加便捷和灵活的学习体验，促进个性化学习和自主学习的发展。同时，实践项目的引入也是推动实现“互联网+”时代法学本科教育改革的有效途径。在这一框架下，模拟法庭、法律实习、法律研究项目等实践项目的开展，为学生提供了与实际法律工作相关的经验和技能培养机会。这些项目不仅可以加强学生的实践能力，还能促进其对法学理论知识的深入理解和应用，从而更好地适应未来的法律职业发展。在推动“互联网+”法学本科教育的过程中，教育机构需要积极推动教师的技术培训和能力提升，以确保他们能够熟练运用现代信息技术手段进行教学。同时，学校还需加强对教育资源和设施的投入，为教师和学生提供良好的学习环境和条件。

“互联网+”时代法学本科教育方式方法的改变与创新，是通过引入信息技术手段和实践项目，使得法学本科教育更加贴近时代需求和学生需求，从而推动法学本科教育的质量和水平不断提升的关键路径。

## 四、法学本科教育专业知识难以转换成直接的经济价值

### （一）法学专业知识转换成直接的经济价值的障碍和问题

在“互联网+”时代，法学本科教育存在法学专业知识难以有效转化为经济价值这一问题，表现为法学专业知识在社会实践中的应用限制以及法学专业人才培养模式与市场需求不匹配等方面。

首先，法学专业知识在社会实践中的应用受到了多重限制。尽管“互联网+”

技术的发展为法学知识的传播和应用提供了便利条件，但在实际操作中，法学专业知识的转化与应用却受到了诸多因素的制约。例如，在"互联网+"时代，法学理论与实践的融合程度不高，许多传统的法学本科教育模式难以适应互联网环境下的需求，导致法学专业知识难以在实际社会中发挥应有的作用。其次，传统的法学人才培养模式与市场需求之间存在较大差距，也加大了法学专业知识转化为经济价值的难度。传统的法学人才培养模式注重学生对法律理论知识的掌握，但缺乏对实践能力和创新能力的培养，这与市场对法学人才的需求不太匹配。在"互联网+"时代，法学专业人才需要具备更多的跨学科技能和创新能力，才能更好地适应社会发展的需求。

针对以上问题，需要从多个方面着手解决。第一，教育机构应当加强法学实践教育，引入互联网技术和实践项目，提高学生的实践能力和应用能力，使他们能够更好地将所学知识应用于实际工作中。第二，教育机构还应根据市场需求调整法学专业人才培养方案，加强对学生创新能力和团队合作能力等方面的培养，以满足"互联网+"时代法学人才的需求。第三，加强与企业、法律服务机构等实践单位的合作，开展实践项目和实习活动，这也是提高法学专业知识经济转化能力的有效途径。

在"互联网+"时代，法学本科教育面临着法学专业知识难以转换为直接的经济价值的问题，需要通过改革教育模式、调整人才培养方案等措施，实现法学专业知识更好的应用和转化。

### （二）提高法学专业知识经济转化能力的方法

在实践教学环节中引入"互联网+"技术和平台，加强学生的实践能力培养。传统的法学本科教育往往注重理论知识的传授，而忽视了学生实践能力的培养。在"互联网+"时代，法学本科教育应该注重实践教学，为学生提供更多的实践机会。通过与法律科技企业合作，利用互联网技术平台开展模拟法庭、在线法律咨询等实践活动，使学生在实践中学习、成长，提高解决问题的能力和实际操作水平。这样的实践教学模式能够更好地适应"互联网+"时代的教育需求，促进法学知识的转化与应用。与此同时，还应加强法学专业与市场的对接与合作，促进知识转化。法学专业与市场之间存在着一定的脱节现象，导致法学专业知识无法有效转化为直接的经济价值。因此，学校可以与法律服务企业、法律科技公司等建立合作关系，共同开展研究项目和实践活动，将学术研究成果与市场需求相结合，推动法学知识向市场转化。同时，建立法学产业联盟或平台，为法学研究成果提供转化与推广的渠道，促进法学产业的发展与壮大。这样的合作模式能够更好地发挥“互联网+”技术的优势，推动法学知识的经济转化。此外，加强科研投入和创新创业教育，培养法学人才的创新意识和创业精神，也是提高法学专业知识经济转化能力的重要途径之一。通过组织创新创业大赛、科技成果展示等活动，激发学生的创新热情，引导他们将法学知识与创新创业实践相结合，从而更好地提高法学专业知识经济转化的能力。在这个过程中，“互联网+”技术和平台可以为学生提供更广阔的创新创业空间和机会，促进法学知识的经济转化和社会价值的实现。

综上所述，通过引入“互联网+”技术和平台，加强法学专业与市场的对接与合作，以及加强创新创业教育，可以有效提高法学专业知识的经济转化能力。这样的举措将有助于法学本科教育更好地适应“互联网+”时代的发展需求，推动法学本科教育与社会经济的良性互动与发展。

# 第六章　“互联网+”时代法学本科教育改革路径

## 第一节　“互联网+”时代法学本科教育改革的动因

### 一、教育需求和问题是法学本科教育改革的根本动因

社会的快速发展和技术的日新月异使教育领域面临着前所未有的挑战与机遇。在法学本科教育中，我们可以明显感受到这种压力与变革的临近。结合社会的需求和面临的问题，可以说，教育的需求是法学本科教育改革的根本动因。

在“互联网+”时代的浪潮下，对法学本科教育方式的变革变得尤为迫切。这种变革不仅仅是为了适应新的社会环境，而是对传统教育不满以及解决长期教育难题的有力回应。例如，在法学本科教育中，传统的课堂讲授已不足以满足学生对于灵活学习和实践技能的需求。针对这一瓶颈，通过采用在线学习平台、远程教育等多样化的教学方式，可以有效突破物理空间和资源的局限，提高教育的质量和效率。

首先，社会需求和问题是推动变革的核心驱动力。随着法律实务的国际化和技术化，法律人才的培养必须跟上时代的步伐。由此，法学本科教育需求与日俱增，诸如批判性思维、案件分析以及法律技术应用等能力的培养，成为法学本科教育的迫切需求。其次，“互联网+”的影响促使教育方式发生根本性改变。新技术的运用如学习管理系统和大数据分析不仅提高了教育效率，而且让个性化和精准教育成为可能。在法学本科教育中，这意味着教师可以根据学生的进度和反馈，实时调整教学策略，进而提升教学成效。

进一步来说，教育的需求可以通过互联网技术得到有效的满足。利用互联网平台，法学生可以进行模拟法庭、在线研讨和跨国交流，这些大大提升了学生的实战经验①。同时，教育者可以通过在线资源共享与合作，加速法学知识的更新与传播。教育的需求不仅是教育改革的发端，更为改革提供了方向和依据。法学本科教育改革必须紧紧围绕社会对于法学专业人才的需求，利用“互联网+”不断探索与实践，以培养出更合时宜、更具有竞争力的法学人才。这是教育者不可忽视的责任，也是社会发展的内在要求。

## 二、新兴信息技术是法学本科教育改革的外在动力

### （一）增加了学习机会

教育资源，曾被多方面的地理与经济因素所局限，现在通过技术的进步实现了全球性的流通与共享。互联网作为这一变革的有力推手，打破了时空界限，提高了教育的开放性，并在全球范围内形成了快速膨胀的知识库，这无疑极大地拓宽了学习者的学习机会。

举例来看，MOOC（慕课，大规模开放在线课程）运动便是这种变革的显著体现。全球的顶尖大学纷纷推出免费的高质量在线课程，让处于世界各个角落的学习者得以突破传统的学习限制，共享世界级的教育资源。同样，OER（开放教育资源）运动也在教育领域掀起了波澜。这些资源不仅可以被公众自由访问，还能够被自由地使用与共享，进一步强化了教育资源的流动性和可及性。

技术发展已经将这个世界缩小为一个“地球村”，在这个村落中，知识与学习的边界在迅速模糊。全球教育资源的流动性得到了加速，世界一流的大学主动将教学资源推向了 MOOC 和 OER 这样的开放性平台。正是这种互联网技术的普及与推动，让教育开放共享成为一种新常态，通过这些平台，优质的法学本科教育资源变得触手可及。

当前，我们正处在全球性知识库形成的关键时期。这个知识库的内容每天在更新，它的深度不断扩展，为世界各地的学习者提供着丰富多彩的教育资源。借助互联网，即使是最偏远地区的学生也能够方便快捷地获取到几乎无限的学习资料，无论是在法学领域还是其他学科，都显著提升了学习的可能性和机会。

---

① 陈进．互联网时代下高校法学教学改革问题与对策［J］．黑龙江科学，2021，12（21）：76-77.

（二）推动了学习方式的变革

在当今这个信息化迅速发展的时代，新兴的信息技术已经深刻影响了传统的法学本科教育模式，它不仅开启了新的教育领域，更成为推动教育改革的强大外在动力。信息技术打破了学习的时间和空间限制，极大地促进了终身学习和全方位学习观念的实施，从而将学习转化为一个贯穿个体一生、在各种情境下都可以进行的持续活动。这种二维学习模式的形成，显著提高了个体自主学习的能力，使得学习不再受到时间、地点等传统因素的约束。

以往，法学本科教育往往被局限在教室之内，学生们必须在固定的时间和地点进行学习。然而，随着互联网、移动设备等信息技术的广泛应用，人们可以通过网络课程、在线教育平台或者电子图书馆等途径，不论何时何地，都能够轻松获取大量法律学习材料，进行自我学习。比如，学生可以在线观看名师讲座、参与虚拟模拟法庭、访问电子案例库等，这些都极大地拓宽了学习的边界。

终身学习作为教育理念的核心，鼓励个体不受年龄限制地持续学习。法学作为一门需要不断更新知识储备的学科，信息技术的运用赋予了学习者随时更新知识、提升个人能力的可能。全方位学习则强调在多种情境下的学习体验，这不仅包含正式教育的范畴，而且还涵盖各类非正式的学习情境，如社交媒体上的学术讨论、在线工作坊、法律博客等。

信息技术的发展让学习空间得以拓展，学生可以在咖啡厅、公园，或是移动交通工具上进行学习。这样的变革，不仅利于学生根据自己的时间表灵活安排学习，也使得学习更加个性化和高效。法学本科教育在信息技术推动下，必须对课程内容、教学方法、评价标准等进行创新，从而适应这种快速变化的学习环境和社会需求。

（三）改变了学习者的认知模式

随着科技的飞速发展，信息的获取和传播形式已经发生了翻天覆地的变化，这些变革不仅改写了人类的生活模式，更深刻地影响了教育领域，尤其是法学本科教育。在原始社会中，知识的积累和传承主要依赖口头传说，由长辈向晚辈传授经验和法律准则。然而，这种方式的局限性在于知识的保真性和传播范围受限。随着时间的推移，古代社会造纸术的发明给学习带来了革命性的变化。书写和阅读成为知识传播的主要途径，推动了文明的进步与发展。对于法学本科教育而言，这种变革使得法律文献的保存成为可能，法律知识的学习也因此变得更加系统化和深入。

进入近代社会，广播、电视和电话等新型通信工具的出现，开始让信息传播突破时间和空间的限制，使远程教育变得可能。在法学本科教育中，这意味着更加广泛的交流和讨论成为可能，学生得以通过视听的方式接触更多元的法律案例和观点①。此外，这一时期的技术也促进了法学教材的出版流传，让知识传递更加快捷和广泛。

到了现代社会，互联网和高端教学辅助设备的出现进一步革新了信息的呈现形式和认知学习方式。法学本科生不再局限于传统的课堂学习，而是可以通过网络课程、在线案例库等资源进行自主学习。学习方式变得多样化，配合互动式的探究学习，学生的学习体验和效率都得到极大提升。这种技术驱动的学习模式不仅包含了传统的读写能力，也强调视听理解、逻辑推理和批判性思维的培养。更重要的是，随着信息的快速更新和传播速度的加快，法学生必须适应快节奏的学习环境，强化信息筛选、处理能力，并培养快速反应和动态学习的能力。技术进步无疑是推动法学本科教育改革的重要外在动力。这种改变引导了更加个性化和动态的学习体验，同时也要求法学本科教育在传授专业知识的同时，更加注重培养学生的动手能力和创新思维。认识到技术改变认知模式的重要性，对法学本科教育体系的不断反思和更新显然是时代发展的必然趋势。

## 三、学生个性化发展是法学本科教育改革的内在动力

在“互联网+”时代的浪潮下，法学本科教育面临一场深刻的改革。传统的教育模式，在实施标准化教学的同时，往往忽视了学生个性和兴趣的重要性。然而，当今社会对于法学专业人才的需求已经发生了变化，不再仅仅满足于知识的积累，更加强调个性化发展和创新能力的培养。因此，适应现代教育的需求，法学本科教育的转型势在必行，学生个性化发展已经成为推动这一改革的内在动力，要将这一改革理念落到实处，就必须转变教育方法，充分尊重学生的个体差异。在当前的“互联网+”环境下，教师可以借助丰富的互联网资源和工具，开展差异化教学。通过网络教学平台的应用，教师能够根据学生的不同需求，为他们提供个性化的学习路径和资源。例如，对法律兴趣浓厚，但基础薄弱的学生可以选择入门课程，加强基础知识的学习；而对某一法学分支有深入研究愿望的学生，则可以选择深度课程，扩展其研究领域。

---

① 廖兰芳．网络时代背景下高校法学教育改革［J］．法制博览，2021，（16）：191-192.

在这样的教学模式下，教师改变了传统的“一刀切”教学法，解决了以往对个体差异视而不见的问题。学生能够在老师的指导下，根据自己的学习节奏和兴趣点，选择适合自己的学习材料和环境，这无疑极大地激发了他们的学习兴趣，满足了他们的个性化需求。这样的教学方法不仅能提高学习效率，还能帮助学生发掘和培养自己的特长和创新能力，为其今后的职业发展打下坚实的基础。此外，技术的发展也为教育提供了新的可能性。教育技术可以消除时间和空间的限制，使得知识的获取变得更加便捷、灵活。学生可以根据自己的时间安排进行学习，不受地域限制，拓宽知识渠道，培养自主学习能力。在法学本科教育中，通过案例教学、模拟法庭等互动式学习方式，还可以让学生在理论与实践之间架起桥梁，提升其解决实际问题的能力。

法学本科教育的改革需要借助学生个性化发展的动力，将传统教育和现代教育技术结合起来，实现教育的个性化和多元化。这不仅满足了学生的个性化学习需求，还能促进其创新创造能力的提升，最终为社会培养出更多优秀的法律人才。

## 四、教学媒体多样性演变是法学本科教育改革的基础

随着时间的推移，学生对法学知识的获取和消化方式已不再局限于传统的课本和讲台式教学。他们期待着更为灵活和互动的学习体验，这种转变在很大程度上得益于新兴教学工具和平台的出现。更重要的是，这些变化促使法学教育者反思和调整教学战略，以更好地满足学生的个性化需求。

传统的教学法如同一条单行道，教师扮演着知识传递者的角色，学生则是被动接受者。但在现代的教育环境中，教师需要摒弃这种“照本宣科”的方法，而是将自己定位为学生学习过程中的引导者和支持者。例如，现代教室中智能电子板的应用，使得课堂更加生动，能够及时反映学生对知识点的吸收和反应。在线教育平台更是打破了时间和空间的界限，使得知识传播不受限于教室墙壁，学生可以根据自己的进度进行学习。而像虚拟现实这样的工具，则通过模拟真实场景，为学生提供了在模拟法庭辩论或案例分析中的沉浸式体验，增强了理论与实际应用的结合程度。从教学媒体的角度来看，从传统教材的单一形式向智能化和多元化资源的转变，为学生提供了不同的学习方式和途径。这不仅仅是教学工具的更新换代，更是教育观念和教学方法的一场革命。在教学环境上，不再是单向知识灌输，而是多媒体和数字资源的合理利用，以此来满足学生对于多样化学习体验的需求，实现了教学方法的多元互补。个性化学习的需求在这一进程中起到关键

作用。每个学生的学习风格、进度和兴趣点都不尽相同。因此，法学本科教育的改革必须充分考虑这些差异，并通过合理选择教学媒体和方法来进行适应和满足。只有这样，学生才能在激发自主学习能力的同时，最大限度地发挥潜力，并形成独立思考和批判性分析的能力。此外，教师角色的转变也是推动法学本科教育改革的一个重要因素。教师需要更新自己的技能和知识，利用各种数字工具和平台来为学生的个性化学习提供更加有力的支持，通过这些手段，教师能够激发学生对法律学科的兴趣和好奇心，促进他们探索和创造性思维的培养①。

## 第二节 “互联网+”时代法学本科教育改革的原则

### 一、开放性原则

在“互联网+”时代，法学本科教育面临前所未有的改革机遇。开放性原则作为这一时代下法学本科教育改革的关键原则之一，要求我们重新考虑教学方式、课程内容、学习途径，以及教育资源的分配与利用。同时，开放性原则要求教育体系秉承开放共享的理念，因为这不仅能够促进教育公平，提升教育质量，还能推动法学与其他学科的深度融合。以慕课为例，这种大规模在线课程的兴起标志着教育内容开放共享的一大步。慕课平台不仅为法学学生提供了学习国内外优质课程的机会，打破了地域限制，还有助于学生通过非正式渠道获取知识，强化了终身学习的理念。借助“互联网+”，法学本科教育摒弃了受时间、地点限制的传统模式，向任何渴望知识、有能力上网的学习者敞开大门。

同时，开放性原则支持并鼓励终身学习和学习方式的多样性，后者尤为重要。现代法学本科教育不再是一个封闭的系统，而是一个开放和连通的网络。“互联网+”时代的教育环境使非正式学习变得重要，提供自主学习的空间，促进个人自我发展和能力提升。因此，法学本科教育应扩展课堂教学的边界，利用丰富的在线资源、虚拟案例模拟等技术，增强学生的互动和参与体验。

开放性还体现在知识的创造和共享上。在“互联网+”时代，每个人都有可能成为知识的创造者和传播者。通过网络，法学知识可以被快速更新和扩散，成

① 项定宜，毕莹．“互联网+”背景下法学教育模式探析［J］．黑龙江教师发展学院学报，2020，39（12）：42-45.

为人类的共同财富，这有助于加快法学理论与实践的创新。同时，开放共享的教育资源对于所有人获取优质的法学本科教育资源，实现教育公平和不断提升教育质量至关重要。

最后，学科间的深度融合成为亟须关注的一环。在"互联网+"的背景下，法学本科教育不应只局限于法律知识的灌输，而应促进与政治学、经济学等其他学科的联系，以便构建跨学科的知识框架和思维模式，这要求综合运用信息技术，打造基于真实案例的教学模块，使学科知识既具延续性又有综合性，以满足现代社会对法学人才复合型能力的要求。

综上所述，开放性原则是"互联网+"时代法学本科教育改革的基石，通过共享优质教育资源、促进学科间的深度结合以及实现全人类发展，推动法学本科教育迈上新的台阶。

## 二、发展性原则

在现行的法学本科教育中，强调实践技能和专业知识的同时，往往忽视了学生整体人格的发展和情感、态度以及价值观的养成。然而，这个新时代要求法律人才不仅要精通法律知识，更需具备问题解决能力、创新精神和强烈的社会责任感。要达到这样的教学目标，必须采取创新的教学方式，打破传统教育模式的局限，实施以学生全面发展为导向的教育策略。例如，借助在线教育平台的优势，法学教师可以设计个性化的学习计划，提供不同层次的课程资源，鼓励学生根据个人兴趣自主选择课程内容。通过在线论坛、虚拟法庭、模拟法律咨询等互动形式，学生不仅能够获取法律知识，还能在交流中锻炼批判性思维和团队合作能力，培育法律职业的情感投入和责任感。

为了注重学生的整体发展，教学应该突破单一的认知层面，涉及情感、态度和价值观等多方面，成为引导学生身心成长的重要组成部分。法学不仅是法条的学习，更是法律精神的传承和价值观的培养。因此，改革的教学内容和方法应当充分反映这一点，使法学本科教育不单纯侧重于专业知识的灌输，更要通过教育引导学生建立正确认知、自我认同和社会责任感。

考虑到学生的身心健康和个性成长，教学环境的构建同样不容忽视。一个开放、包容和支持性的学习环境能激发学生的内在潜力和创造活力，帮助他们在学术和职业生涯中更好地适应和发展。互联网技术的应用，还可以帮助法学本科教育工作者开拓隐性教育的新领域，通过角色扮演游戏、互动式案例研讨等活动丰富法学学习的情境，潜移默化地影响和满足学生的物质和精神需求。

总而言之，发展性原则要求法学本科教育不断创新，应对互联网时代的挑战，通过关注学生的全面发展，培养德、智、体全面发展的法律人才。这不仅是法学本科教育改革的出发点，也是评价法学本科教育成效的最终目标。

## 三、自主学习原则

在“互联网+”时代，知识更新速度不断加快，信息技术的广泛应用使得学习资源变得前所未有的丰富和开放。在这种大背景下，法学本科教育应当致力于培养学生的自主学习能力，确立自主学习原则作为改革的战略重点，这是适应时代需求、提升教育质量的关键所在。

构建有利于自主学习的教学环境是实现此原则的首要步骤。这包括心理和物理两个层面：在心理层面上，教师应当创造一个富有激励性和挑战性的学习氛围，例如，开设开放式的讨论平台，激发学生的好奇心和参与热情，让他们愿意质疑、愿意探究、愿意分享。物理层面上，则需要通过提供多样化的学习材料、工具和平台，支持学生的各种学习活动，包括分析案例、撰写论文和展开研究等。同时，强化高质量的指导服务，确保学生在学习中不断获得正向反馈和必要的帮助。

贯彻“教学合一、教学并重”的教育理念是自主学习原则的又一关键点。在这一理念指导下，师生关系定位为相互尊重和共同成长，而不是单纯的知识传授关系。课堂上，教学话语权应共享，既给教师教授知识的空间，也确保学生有充足的机会提问、发表见解和参与互动。这样的教学模式有利于培养学生的批判性思维与创新意识，让学生们能够积极主动地参与学习过程。

此外，强调学生的自我研习与自修同样不容忽视。在教学过程中，教师应鼓励学生利用丰富的在线资源，开展研究性学习和探究性学习，通过网络课程、数据库查询、在线讲座等方式，学生能够深化和扩展其专业知识、技能。此外，培养学生分析和解决实际问题的能力也是必要的，学生在学习中经常会遇到开放性问题，要鼓励他们运用所学知识进行独立思考和解决问题。

综上所述，自主学习原则的确立与实施对于法学本科教育改革有着举足轻重的作用。通过创造富有激励性的环境、实施相互尊重共成长的教学模式，并特别强调自我研习与自修的重要性，能够确保法学本科教育适应“互联网+”时代的新要求，培养出真正具备自主学习能力的法学人才。

# 第三节 "互联网+"时代法学本科教育改革的路径

## 一、加强法学本科教育资源的开发与利用

### （一）对法学本科数字化教育资源进行分类

在推进法学本科教育数字化转型的当下，对数字化教育资源进行科学合理的分类显得尤为重要。这一过程不仅是网络教育资源建设的一个关键环节，而且直接影响到教育资源的组织、管理和使用效率，是提高教育资源利用率、优化教育资源配置的有效手段。例如，可以将法学本科教育资源按照素材类型细分为课件、讲义、案例分析、法规汇编、模拟法庭试题和历年真题试卷等类别。这样的分类不仅方便教师根据教学需要快速检索和获取相应素材，也便于学生根据自己的学习阶段和复习重点选择合适的学习资源。

此外，分类工作还需考虑教育资源的适用对象，包括不同年级的学生、不同教学阶段的需求等。例如，初学者需要的是基础法律概念的课件，而高年级学生需要更专业的案例分析和法律论文写作指导。法学的学科分类则可以按照民法、刑法、商法、国际法等不同学科领域来组织资源，这样学生和教师能够更高效地定位到所需信息。

同时，分类过程还应遵循国家和教育部门发布的相关标准。具体地说，教育部教育信息化技术标准委员会发布的《CELTS-41：教育资源建设规范》提供了一套详细的分类规范指引，旨在推进教育资源标准化、系统化建设。该规范涵盖了素材类型、适用对象和学科等主要分类属性，为法学本科教育资源的分类提供了科学性和规范性的参考。在实际分类操作中，还应充分考虑资源的用途、承载物、情感类型或教育类型等不同属性。例如，可以区分面向自学的资料、课堂教学辅助资料、课后复习资料或者远程教育资料等，承载物可以分为数字文档、视频、音频等不同格式，以适应不同的学习场景和技术需要。

总之，一个全面、科学、实用的数字化教育资源分类体系不仅能够增强法学本科教育的系统性和易用性，还能够极大地促进教学资源的共享和创新应用。通过细致的多维度分类，法学本科教育资源的建设和管理将步入一个更为高效、专业的新阶段。

## （二）选择合适的法学本科教育资源建设路径

在构建适宜的法学本科教育资源体系的过程中，必须综合考量数字化的高品质教育资源的发展路径。根据教育资源的本身特征及应用需求，归纳出三条不同的资源建设途径：自建、共建与引进。

就自建途径而言，其适宜于那些数量有限却显著具备独特性和个性化特色的数字化教育资源。例如，某法学院可能针对特定的法律分支，比如，针对环境法或知识产权法，开发专有的案例数据库或模拟审判软件。这些资源可能不适用于广泛的应用场景，但对于学院自身的特定教学课程与研究方向具有极高的价值。

在共建路径上，考虑到一些教育资源因其通用性质而适用范围广泛，数量众多，采取共建方式则显得尤为重要。例如，多所法学院可以联合开发一个综合性的法律案例库，既可以节省各自的建设成本，又可通过资源共享提升整体教育质量。

至于引进途径，则适宜对那些建设难度高、成本过于昂贵、但品质优异的教育资源进行引进。在法学本科教育上，这可能意味着与国际著名的教育机构合作，获取高水平的课程资源或者合作使用先进的法学教学软件。

为了保证网络学习课程、网络教学资源体系和数字图书馆等关键教育资产的建设走向成功，国家层面已经明确提出这类建设工作的重要性。法学院及其教育信息中心在规划资源建设时，应根据资源的性质与用途挑选最合适的路径，以确保每一份投资都能得到有效的回报，高效利用资源，并且避免由于盲目扩张带来的成本浪费①。学校必须针对自身情况和当地实际状况进行仔细考量，以免落入不恰当的资源建设窘境。通过整体规划与合理选择，可以确保教育资源建设的流程不仅效率高，而且维持着持续高质量的标准。

因此，法学本科教育资源建设应服从于专业教学需求与研究发展的实际需求，从自建、共建和引进三者中精准选择，以实现资源优化配置，最终形成一个高效、优质、可持续发展的法学本科教育资源网络体系。

## （三）加强法学本科教育资源公共服务平台建设

在“互联网+”时代背景下，教育领域经历了从传统的教学模式向现代化、数字化转变的重要转变。这一时代的变革为教育资源的获取、共享和利用提供了前所未有的便利条件。在此背景下，加强法学本科教育资源公共服务平台的建设显得尤为迫切，因为它对于推动法学本科教育的革新和提升教育质量具有重要

① 鲁丹．“互联网+”时代法学教育教学模式创新研究［J］．大学，2020，(44)：115-117.

意义。

一方面，教育资源公共服务平台是针对特定需求群体所设计的，如法学本科生，目的是为他们提供便捷的资源访问，以支持他们的学术追求和职业发展。这一平台不仅包含了法律文献、案例数据库、法规集锦，还整合了各类在线教程、讲座和论坛，丰富多样的内容使得法学生能够在更广泛的教育资源中获得知识和启示。另一方面，教育资源公共服务平台能够实现对现有教育资源的整合和优化，形成统一而高效的资源共享渠道。例如，在线教育平台使得优质课程资源能够无地域限制地被法学生获取，而数字图书馆为学生提供了庞大的法律文献数据库，这些都是教育资源在数字时代的有效利用。此类平台的建设和完善有助于提升学习资源的利用率，改善教学资源的配套服务，进而优化法学本科教育的整体结构。

数字鸿沟一直是教育领域面临的严峻挑战。通过教育资源公共服务平台，数字化教育资源的普及和共享缓解了这一问题，因为它允许来自不同社会经济背景的学生平等地获取资源。尤其对于那些研究和学习条件相对较差的地区和群体，法学公共服务平台极大地弱化了学习资源的边界。更为重要的是，教育资源公共服务平台通过推动资源的共享和交流，促进了法学本科教育的发展。学生和教师可以通过这个平台获取最新的法律信息、学术成果和教学方法，提高教学效率和质量①。此外，平台也为学术研究提供了一个交流和合作的开放空间，促进了知识的广泛传播。

在“互联网+”时代，强化法学本科教育资源公共服务平台的建设至关重要。它不仅提高了教育资源的利用效率和教育质量，也为教育方式的现代化变革提供了坚实的基础。平台的不断完善和扩展将大大地促进法学本科教育的均衡发展，赋予学生更多获取知识的机会，并推动整个法学本科教育领域向前迈进。因此，无论是对于提高个人学术竞争力，还是对于促进法律职业的整体进步，这一平台的建设和发展都具有不可估量的价值。

## 二、全面提高师生的信息素养

### （一）提升师资队伍信息素养

#### 1. 培养教师信息意识

从教师自身的角度来看，随着“互联网+”时代的到来，法学本科教育面临

---

① 唐素林．“互联网+”模式下法学教育改革路径的困境与思考［J］. 法制博览，2020，（30）：161-162.

着前所未有的变革。作为负责培养学生的主力军，教师的信息素养直接影响到法学本科教育质量的提升。教师信息素养提升的关键在于改变其对信息素养的认知和态度，积极学习并应用信息技术，才能更好地将互联网资源融入法学教育。具体到实施路径，首先，教师不仅要改变传统的教学观念，认识到信息化教学不只是一种辅助手段，而是提高教学效率和质量的关键，他们还需要主动加强学习，不断提升自己掌握新教育方法和信息技术的能力。为了适应这一变革，教师必须投入时间和精力，不断学习，比如，掌握 Word、Excel、PowerPoint 等基础办公软件，能够帮助他们更快地准备教学资料、设计课件；同时，具备音视频编辑软件如 Adobe Premiere 或 Final Cut Pro 的使用技能，可以让教师制作出更加吸引人的教学视频，提高课堂的互动性和趣味性。其次，随着在线教育平台的兴起，教师还应该掌握腾讯会议、Zoom 等在线教育工具的使用方法，这些平台不仅可以作为教学辅助工具，也为学生提供了更加灵活多样的学习方式。对于法学本科教师来说，提高对信息技术在法学本科教育中应用价值的认识至关重要。传统的课堂教学和案例分析已不能完全满足现代学生的需要，教师应愿意主动探索和应用如人工智能、大数据分析等先进信息技术在法学本科教育中的应用，比如，通过模拟法庭软件来构建模拟法庭场景，让学生在虚拟环境中亲自参与法律案件的审理，从而在实践中学习法律知识。这种方式不仅能提高学生的学习兴趣，还能增强他们的专业技能和实战经验。最后，教师需要保持终身学习的态度，持续更新与信息相关的知识和技能。信息技术的发展日新月异，只有不断学习和实践，教师才能不断提高自己的信息素养，让法学本科教育走上一条与时俱进的改革之路。

从学校角度来看，“互联网+”时代的法学本科教育改革不仅是一项技术更新任务，更是一个全面提升师资队伍信息素养的过程。首先，学校管理层需要充分认识到教师信息素养对于提高教育质量的重要性。教师的信息素养如同一根无形的纽带，连接着教学内容的现代化和学生的未来发展。在这个基础上，学校可通过开展教研活动和专题讲座，系统地对教师进行信息素养的宣传教育，应当充分利用沙龙研讨、工作坊等形式，主题围绕如何有效利用信息技术提升教学质量和效率来开展，进而提升学生的学习体验和法律实践能力。此外，随着社交媒体与互联网应用的普及，学校也可使用校园微信公众号短文等方式对教师进行信息化宣传，扩大影响力。通过这些平台发布教育革新的案例分析、实时新闻、信息化工具的教程等内容，不但能吸引教师的注意力，还能激发他们学习新知识、掌握新技术的兴趣。其次，为了长期推动师资队伍信息素养的提升，将教师信息素养评价纳入教师专业考评体系是至关重要的。通过制定科学、合理的评价标准，教师将有更强的动机去主动学习并掌握新的信息技术，从而开展更加高效现代化的教学活动①。学校管理层在制定行政管理手段和激励机制时，也需充分挖掘和利用教师的个人优势，鼓励他们通过学习和交流深化对信息技术在法学本科教育中应用的理解。最后，学校应该通过问卷调查和深入访谈等形式，定期了解并发现当前教师信息素养培训的缺陷和不足，进而精准施策，确保教育改革措施的有效实施。最终，这将形成一个正向循环，不断提升教师的信息素养，为法学生打造一个更加丰富、高效的学习环境。

从教育管理部门的角度来看，强化法学教师的信息素养是推进"互联网+"时代法学本科教育改革的一项关键任务。信息素养日益成为决定教育质量和效果的重要因素，尤其在法学领域，信息技术的应用提供了丰富的学习资源和创新教学手段，因此，增强教师的信息素养成为当前教育改革的应有之义。首先，教育管理部门必须深刻认识到信息素养在当前和未来法学本科教育发展中的重要性。随着"互联网+"时代的到来，信息素养对于教师而言不仅意味着具备基本的计算机操作能力，更意味着能够有效整合信息资源、创新教学方法、提高学习效率。这种能力的提升不但能帮助教师跟上时代潮流，而且对提高法学本科教育的质量有至关重要的作用。此外，教师信息素养的提升还能促进地区经济文化的可持续发展，因为它关乎下一代法律人才的培养以及法学知识的创新传播。其次，教育管理部门应采取具体举措来激励教师提高信息素养。例如，增加专项资金投入，支持教师参与信息技术相关培训，鼓励教师通过技术手段创新教育方法。这些资金不仅可以用于购买先进的教学设备，还能用于提供给教师参与研讨会、工作坊等各种形式的专业发展活动。通过这些活动，教师可以了解最新的教学技术，提升自己的信息应用能力。为解决教师编制紧缺问题，教育管理部门可以采取政策调整，比如，通过简化审批流程、优化人员配置等措施，使得有意愿和能力提高信息素养的教师得以进入教学队伍。同时，也要提高教师薪酬待遇，它能直接提高教师的积极性和满意度，进而促进其在信息技术应用上的自我提升。可以说，教育管理部门对于法学教师信息素养重视的高低将直接影响教育改革的质量，而教师信息素养的提升则对实现高质量的素质教育至关重要。因此，在"互联网+"时代背景下，教育管理部门要以前瞻性和战略眼光，采取有力措施，确保法学本科教

① 何忆."互联网+"模式下法学教育改革路径探讨［J］. 才智，2019，(26)：21.

育能在信息化浪潮中乘风破浪，培养出更多适应时代发展的法学专业人才。

**2. 组建专业的技术人员队伍**

随着信息技术在法律教学中的广泛应用，如何有效地整合信息资源，优化教学模式，提高教学质量成为摆在每一位教育工作者面前的重要课题。为了促进教师信息素养的发展，必须建立一支专业的信息技术人员队伍，这对于确保教学的顺利进行至关重要。

在现实情况中，经常会遇到由于学校的信息技术基础设施或软件出现问题而造成的教学中断情况。通常情况下，这些问题是依赖于信息技术教师来处理的。然而，由于他们的关注点主要是教学内容而非技术细节，这样不仅会影响教学质量，还会耽误教学进度。例如，当教室的智能投影仪出现故障，或是教学平台的软件功能发生异常，教师往往需要分心应对这些技术问题，这在很大程度上降低了教师的教学效率，并影响了学生的学习体验。

要想真正实现教育信息化，首先需要构建一个完善的管理体系作为推动教师信息素养发展的基础。这样的管理体系能够确保信息技术设备的正常运行，及时修复出现的问题，并提供必要的技术培训和支持。此外，教师信息素养的提升还受到多种因素的制约，包括社会环境的变化和个人对技术的接纳态度。这些外在和内在因素的交织，要求学校不仅要为教师提供硬件上的支持，更需要关注他们在信息技术能力上的成长。为了实现这一目标，建立起一支由专业信息技术人员组成的队伍成为一个有效且迫切的解决之道。这样的队伍不仅能够负责维护和升级现有的教学设备，而且可以在教师遇到技术难题时迅速响应，解答疑惑，实现问题的即时解决。这样不仅能够极大地减轻信息技术教师的负担，让他们能够更专注于教学内容本身，也确保了专业人才能在专业领域发挥作用，提高了整个教育系统的效率。而且，通过专业技术人员的定期培训，可以确保这支队伍始终处于信息技术发展的前沿，掌握最新的教育技术理念和工具。这样不仅可以保障教育信息化的不断推进，也能够提升那些非技术教师在信息技术方面的能力和整体的信息素养，进而提升教师队伍的整体素质。

通过为教师提供坚实的技术支持和持续的信息技术培训，可以有效推动教师信息素养的发展，并优化信息化教学。这对于适应未来法学本科教育的转型，以及提升法学本科教育质量，具有重要的现实意义与长远影响。

**3. 创新教师信息素养培训机制**

首先，一种有效的创新策略是实施分阶段式的培训。例如，可以根据教师的实际需求和信息技术水平，将他们划分为不同的培训小组：教学课件制作组关注PPT和其他互动教学材料的制作；信息化教学案例学习组侧重于探索和研究现有的优秀信息化教育实践；多媒体教学设备使用组则着眼于硬件的操作与应用。这样的分组培训可以确保每一位教师都能获得针对性的指导和帮助，提高了培训的实用性和针对性。

其次，高校需设计符合自身教育特点与背景的培训内容。不能简单模仿其他学校的培训模式，而应考虑到学校的具体情况和教师们的专业背景。例如，在法学本科教育领域，培训可以包括如何通过信息技术手段获取最新法律资讯、如何利用网络资源为学生提供实时案例分析等内容。通过将培训与法学本科教育无缝对接，提高培训内容的实用性和高效性。除此之外，分级分层的培训也是创新的一部分。不同年龄、学历和社会背景的教师对信息技术的掌握程度各不相同。年轻教师可能更熟悉和乐意接受新的教学技术，而资深教师可能需要更多的基础操作培训。因此，不同层次和不同需求的教师应得到差异化和定制化的信息技术培训服务。进一步而言，将培训内容与实际应用相结合是至关重要的。培训的内容设计必须贴合时代发展、社会需求和法学本科教育的实际。此外，鼓励教师进行自我规划和总结，比如，制订个人信息技术发展计划，定期总结信息技术应用于教学的经验和问题，以此来提升他们的信息素养①。

最后，教育部门应加强监督和考察，确保教师可以依据培训的指导方针，进行有效的自我提升。此外，还可以通过定期举办教师信息技术应用比赛、教学创新案例分享会等活动，激发教师的积极性，培养其自我提升信息素养的能力。

综上所述，通过需求导向的创新教师信息素养培训机制，不仅能提高教师自身的技术应用能力，也将极大地推动法学本科教育改革向前发展，达到更高的教育质量和效果。

**4. 提供信息化教学实践机会**

在"互联网+"时代，法学本科教育改革趋向于高度重视师资队伍的信息素养。为了促进教师对信息技术的深入应用，提高教育质量，并形成一个积极的信息技术教育应用氛围，必须提供充分的信息化教学实践机会。

一方面，对于构建积极的信息化教学氛围，学校必须培养一批能够掌握和利用信息技术的骨干教师。通过举办讲课比赛，不仅可以激励骨干教师深入学习和

① 蓝蓝．我国法学本科教育现状的观察与反思［J］．佳木斯职业学院学报，2017，(03)：140-141.

实践信息化教学方法，而且还能够通过“以点带面”的效应，将他们的信息素养和技能普及整个师资队伍。骨干教师的示范作用在此过程中起着至关重要的作用。例如，可以设立专门的信息技术教育奖项，鼓励和表彰那些在教学中积极应用信息技术的骨干教师。通过这种正面引导和物质激励，激发更多教师尝试和融入信息化教学。

另一方面，骨干教师在提升信息技能方面也应该承担起帮带的责任。鼓励他们与其他不太熟悉或不热衷于使用信息技术的教师进行合作，共同设计课程或教学活动，这样能够在日常教学实践中为教师提供真实的信息技术应用环境。例如，可以组织一些教学工作坊，让骨干教师向其他同事展示如何有效地整合课堂教学与信息技术。

同时，通过日常教学活动，特别是那些基于信息化平台的小组活动，可鼓励教师们积极地运用信息技术。这种实践不仅对学生的学习和互动方式具有革新作用，也引导教师发现和理解信息技术在教育中的潜力。譬如，可以利用在线案例分析，促进法学学生对案例进行深度讨论，培养他们的批判性思维。

此外，有效的规章制度也是推广信息化教学实践不可缺少的因素。学校应当制定明确的政策和规范，鼓励教师参与信息化教育，并提供必要的技术支持和资源。规章制度的建立需要领导层和教师的共同努力，而且要确保规定的措施与实际教学相结合，可行性强。

总之，通过不断创造信息化教学实践机会，大力推动高效的师资队伍建设，法学本科教育在“互联网+”时代才能更好地适应并发挥其育人功能。教育改革需要骨干教师和领导层的有力推动，以便形成一个持续且健康发展的信息技术教育应用环境，从而实现法学本科教育的质量提升和人才培养的目标。

### （二）提升学生信息素养

#### 1. 营造良好的社会信息素养环境

在“互联网+”时代，信息素养成为法学本科教育改革中不可忽视的重要内容。营造良好的社会信息素养环境是增强学生信息素养的一项基础且关键的工作。本书将围绕家庭、社会、国家教育部门三个方面展开，探索各自在促进和改善法学本科教育信息素养环境中所扮演的独特角色。

首先，家庭作为个体成长的第一个社会单元，对孩子的影响力不容小觑。家长作为孩子的第一任老师，他们自身的信息技能和知识水平，直接决定了家庭教育的质量。家长需具备对互联网和信息技术合理运用的认知与技能，并将这种素养传递给孩子。此外，家长们通过牢固树立终身学习的意识，不断参与信息技能的更新学习，能够更好地引领和指导子女形成正确的信息行为习惯。例如，通过家庭网络安全日的活动，家长和孩子共同学习网络安全知识，共同设定家庭互联网使用规则，这样的互动不仅加强了信息技能，同时也加深了家庭成员之间的联系。

其次，在社会层面上，全社会都应当参与法学生信息素养的培育过程。例如，媒体和互联网企业等社会力量的积极参与，可以构建健康向上的网络环境，防止虚假和有害信息的传播。同时，学校和教育机构与社区、行业组织等社会资源相结合，可以提供多元化的信息素养培养活动，如实践操作工坊、线上交流平台等。此外，社会通过法律法规为网络行为设定边界，可以树立正确的价值导向，例如，通过加强版权保护、打击网络侵权等措施，营造一个尊重知识产权的良好网络秩序。

最后，国家教育部门在推动信息素养环境的构建中起着至关重要的作用。政策的制定需紧跟时代的脚步，顺应"互联网+"时代的新要求，更新现行政策和教学指导方略。例如，国家可以推动高等教育机构，将信息素养教育纳入必修课程，实施以项目为导向的综合实践活动。同时，注重对教师信息素养教育的专业培训和支持，鼓励教师利用网络平台和资源，创新教学方式和内容。

家庭教育的引领、全社会的共同努力以及国家教育政策的支持构成了促进法学本科生信息素养提升的"三位一体"架构。通过各方面的协同作用，能够形成一个强有力的信息素养教育体系，为学生在"互联网+"时代中能够有效地获取、利用法律信息与资源提供坚实的基础与支撑。

**2. 加强高校信息素养的建设**

第一，校园信息化建设。高校需要进一步加强校园信息网络基础设施的数字化、智能化和网络化进程，这包括更新校园宽带网络以支持更快的网络访问速度，部署云计算服务以促进资源共享，构建虚拟实验室和数字图书馆等以充分利用现代网络计算机技术提高学生和教师在收集、整理、加工和应用信息方面的能力①。同时，高校还应支持校内在线课程资源的建设，为学生提供异地学习和翻转课堂等多种形式的学习选择，以此推动教育教学模式创新，激发学生的学习兴趣。

第二，信息知识宣传教育。为了提高学生的信息素养，高校需要通过多种渠

① 董倩．法学本科教育与"互联网+"融合教学改革探讨——以浙江某高校为例［J］．现代商贸工业，2016，37（15）：175-176.

道和方法进行信息素养教育的宣传与普及。比如，组织专题讲座，定期邀请信息技术专家分享大数据、云计算等领域的最新进展与应用现状。通过广播节目、社交媒体、校园网等平台开设信息知识专栏，周期性推送信息素养相关的知识点和学习资源。此外，举办相关主题的比赛活动，如数据分析竞赛、编程马拉松等，可以提升学生的参与热情，并以此检验学生在实践中运用信息知识的能力。

第三，信息教学模式的创新。高校应根据不同年级和专业学生的特点，设计和实施差异化的信息教学计划。例如，对于大一新生，高校应重点教授计算机及网络基础知识，确保所有学生能够使用常见的办公软件和网络通信工具。对于大二、大三学生，则需要加深信息技术的应用训练，引导他们识别、评估和利用信息技术解决专业学习或研究问题。至于大四学生，则需要侧重于高级信息素养技能，如数据保护、隐私法律规范、专业领域内的信息技术应用等，使其能够在将来的职业生涯中有效利用信息资源。

通过这三个方面的持续努力，可以促使高校信息素养管理与建设水平全面提升，从而为法学本科生在“互联网+”时代获取、分析和利用信息的能力提供保障。

**3. 开设必要的信息技术课程**

在“互联网+”时代，法学本科教育应当深刻意识到信息技术课程对于提高学生信息素养和适应未来社会能力的重要性。鉴于此，法学本科教育改革要着重考虑信息技术课程设置的必要性和实施策略。

其一，应当确立信息技术课程在法学本科教育中的重要地位，使之成为学生必须学习的基础课程。这涉及对课程内容的精心设计，确保它不仅覆盖基础的计算机操作技能，还包括法律信息检索、数据分析、网络安全意识等与法学专业紧密相关的技能。同时，课程内容应与时俱进，反映信息技术领域的最新发展，使学生能够掌握前沿的信息技术，为将来的法律工作、研究和社会服务打下坚实的基础。

其二，应着重改善和提升教师的信息技术水平。通过定期的在职培训，鼓励教师学习和应用新兴的信息技术工具和教学方法，以此提升教学效果并激发学生的学习兴趣。此外，鼓励教师与信息技术专业人员进行交流合作，深化跨学科的教学内容和研究，继而促进法学本科教育的全面发展。

其三，要建立与实施一套全面的评估体系，定期对信息技术课程的教学质量、学生的学习成果和课程的时效性进行评估。这有助于发现并解决教学过程中的问题，确保信息技术教育能够真正提升学生的实际能力。此外，通过收集反馈，教学内容和方法可以不断更新，以跟上信息技术飞速发展的步伐。

其四，考虑到信息技术对于现代社会的普遍影响，法学本科教育还应将信息技术课程与其他学科课程进行整合。这意味着不仅在专门的信息技术课程中讲授相关知识和技能，还应该在其他法律课程中融入信息技术的元素，比如，在案例分析中使用数据分析软件，或在讲授法律法规时考虑网络技术对法律实践的影响等。

**4. 加强信息素养培养的实践性环节引导**

第一，构建多维度的信息技术应用场景。对于法学专业的学生来说，可以通过模拟法律情境的方式，如在线模拟法庭、模拟律师事务所等，让学生在实践中运用信息技术处理法律文书、法律案例分析等，培养他们识别和运用法律信息资源的技能。

第二，融入项目式学习模式。通过设计涉及信息技术和法律研究的跨学科项目，如互联网法律法规数据库的构建、在线公共法律服务平台的设计等，不仅可以让学生学习技术操作，而且能够加深他们对信息技术在法律领域应用的理解。

第三，利用网络课程和资源对学生进行远程教学。结合在线教育资源，如慕课、SPOC（小型私人在线课程）等，组织学生观看与法律相关的信息技术教学视频或网络研讨会，增加学生对信息素养的认识和对信息技术的详细了解。

第四，开展法律信息技术的实践操作培训。可以设置法律电子文档检索、网络法规数据库使用、电子证据收集等实操课程，帮助学生在学习中直观地感受信息技术的重要性和实用性。

第五，鼓励学生参与信息技术相关的学术交流与合作。例如，组织学生参加法学信息技术竞赛、研讨会和论坛，这样可以让学生在实践中学会与他人合作，共同讨论解决问题，提升信息沟通和协作能力。

第六，评价和反馈信息素养实践活动的成效。学校和教师应该定期评估学生在实践活动中的表现，并及时给出反馈，指导学生如何改进和提高信息素养，使学生能够明确成长路径和未来的学习方向。

通过上述六个方面的引导，学生可以更好地在实际操作中学习信息技术，并将其应用于法学研究和实践之中，这对于法学专业学生适应未来信息社会来说具有积极的促进作用。

## 三、推进线上与线下教学的深度融合

### （一）加强线上与线下教学资源的融合

首先，教学资源的整合是确保法学本科教育改革成功的重要一步。线上资源以其海量的信息和便捷的获取方式为教师备课和优化教学内容提供了强大支持。例如，在法学课程中，教师可以通过在线数据库获取大量的历史资料、判例分析等，引导学生更深入地理解法律条文的形成背景和应用。通过案例教学法，学生能够在具体情境中学习和应用法律知识，而这些情境正是通过线上教学资源得以快速构建的。

其次，为了提高学生的学习动机和理解力，应运用多媒体资源来丰富学习体验。举例来说，可以在授课过程中运用电视剧片段，直观展现法律知识在现实生活中的运作。这不仅使得抽象的法律理论更加生动，也能够帮助学生建立起更加牢固的知识结构，从而更加深入地理解教学内容。

最后，线上平台使教师有能力向学生推送多样化的阅读材料，从而促进群体间的交流与阅读。这样的设计不仅有助于提升学生的法律素养，还能增强他们的综合阅读能力。在线阅读小组、讨论板和即时反馈系统等，都是有力的工具，方便以此构建辩论与分析的训练场。而线上学习管理系统（如慕课、SPOC）具备整合课程安排、资料下载和在线测试等功能，既能减轻教师的教学负担，同时也为学生提供了灵活的学习方式，有助于每个个体根据其学习节奏和兴趣选择合适的学习路径①。

综上所述，通过加强线上与线下教学资源的融合，我们能够解决法学本科教育中存在的多种问题，并培养出更多杰出的法学人才。技术的整合不仅为教育实践提供了可能性，还有助于创建更加多元、互动和包容的教学环境。最终，这将引导法学本科教育进入一个更高效、更有内涵的新阶段。

### （二）加强线上自主学习与线下教学监管的融合

一方面，线上自主学习与线下教学监管可以形成互补，这种融合对于法学本科教育的改革具有积极意义。在线上自主学习环节，学生能够根据个人的时间安排与学习进度来进行课程学习，这提高了学习的灵活性和自主性。例如，教师可

① 薄晓波．混合式教学方法在法学教育中运用之探索［J］．教育现代化，2019，6（54）：195-197+200.

以将讲义、案例分析和法律条文等资料上传到线上平台，供学生随时查阅与学习；同时，通过线上讨论区域或者社群的形式，学生可以相互交流心得，这有助于深化对学科知识的理解。然而，仅有线上自主学习并不能确保教学质量和学习效果。这是由于线上学习缺乏现场教学的直接互动和监管，学生可能因学习环境的松懈而导致学习效果下降。因此，必须有线下的教学监管来配合，通过定期的课堂教学、作业布置及考试等方式，促进学生认真对待线上学习内容。举例来说，线下课堂可以针对线上自学材料中的重点和难点进行辅导，教师能通过面对面地交流，及时发现并指导学生存在的问题。在线下时，学生在课堂可能因为羞于发言或者时间限制而未能得到足够的个性化指导。而网络环境则可以通过各种互动工具，例如，智能教学辅导系统、在线一对一辅导等方式，满足不同学生的个性化需求，从而提升教学效果。此外，大数据分析服务在教学中的应用也日益成为加强线上自主学习与线下教学监管融合的重要工具。通过收集学生在线上平台的学习数据，教师可以分析学生的学习习惯、掌握程度以及常见的错误类型，从而在线下针对性地开展辅导和讲解。同时，网络平台的录制与回放功能使得课程的学习不再受时间和地点的限制，学生可以根据自身情况重复观看重要内容，增强学习的主动性和针对性。线上工具如及时反馈系统和智能问答机器人，也能够帮助学生在学习过程中得到及时的疑问解答，加强对薄弱知识点的理解与巩固。

另一方面，线下的严格监管可以有效弥补线上教学监管的不足。在当前“互联网+”时代，法学本科教育必须对学生自主学习和师资监管方式进行革新，以确保教学质量与学生学习成效。线上自主学习提供了灵活性和广博的知识资源，然而，与传统线下教学相比，其较为薄弱的监管机制可能导致学生学习不足或学习状态不佳。因此，将严格的线下教学监管机制融入线上学习至关重要。具体而言，线下教学可以通过直接的管理与监督帮助学生在线上学习时培养良好的学习习惯。例如，设定每天的早间阅读（以下简称“早读”）会不仅可以鼓励学生养成早起的习惯，而且能够借助老师的引导深入理解专业学术文献。此外，学生可以在早读中共同探讨遇到的问题，形成线下学习互助小组，以加强彼此之间的沟通和交流。为了进一步加强线上自主学习的成果体现和监管，教师还可以利用学习管理系统，设定不同周期性的研究成果提交要求。通过这种方式，学生在自主选题、研究过程，乃至研究成果的展示，都可以得到更系统的指导和反馈。系统中的资源共享功能允许学生和教师方便地交换研究笔记和资料，提高学术资源的利用效率。另外，线上教学也能通过举办研讨会和学术竞赛来增强学习的动机和效果。以虚拟教室为例，学生可以展示他们的研究成果，同时也可以了解同伴的研究进展和成果，从而创造一种竞争和合作共存的学习氛围。此类活动不仅能够补充和丰富学术活动的内容，还可以使学生在更宽广的学术领域内沉浸式地学习和成长。在加强线上自主学习与线下教学监管融合的过程中，重点应该放在如何构建真实且切实可行的学习场景，让学生能够在模拟或实际的专业环境中应用所学知识。同时，老师作为知识的引导者和学习过程的监督者，需要不断地对学习内容和方法进行创新，确保法学本科教育与时俱进，满足学生的职业发展需求。

总之，通过深度整合线上学习资源和线下监管手段，法学本科教育在互联网+时代将能够更好地培养学生的自主学习能力，并且通过严格的线下监管和及时反馈机制，确保学生在法学领域的专业素养及应用能力得以充分发展。

### （三）加强线上先进科技与线下人文关怀的融合

线上先进科技可以减轻教师负担，提高教学的高效性。在处理日益增长的信息与资料时，自动化工具能够帮助教师快速地批改作业，如选择题和判断题，减少了过去纯手工批阅所需耗费的大量时间和精力。这些线上平台不仅简化了评分过程，还能够快速呈现每个学生的学习数据，帮助教师及时了解学生的学习情况。大数据的应用则为科研教师提供了全面的分析工具，让他们能够深入了解学生的学习习惯、常见问题和个人特点。通过数据分析，教师可以定制个性化的教学方案，有针对性地为学生提供适合他们的学习内容和练习材料。此外，家长和学生都可以通过这些平台获得即时反馈，使学习过程的透明度和家长与学生的参与度得到显著提升。而在教学资源共享方面，教师可以通过网络资源库访问丰富的教学材料，并结合自己的教学内容进行个性化的调整和创新。例如，通过引入不同的在线微课程、开放式课程资源，教师能够扩大教学视野，增加课程内容的多样性和趣味性。同时，在教学模式的革新方面，互联网技术使得教学模式多元化成为可能，仍旧保持人文关怀的教学理念。虚拟现实（VR）、增强现实（AR）等技术的融入，让学生能够在互动性和沉浸感更强的环境中学习法律知识，同时，线下教师对学生的个别指导和面对面交流依旧不可或缺，线下人文关怀的重要性不容忽视。尽管线上平台能够提供丰富的学习资源和强大的数据支持，但面对面的课堂交流、师生之间的直接沟通以及对复杂法律概念的深刻理解仍需要在线下教学中实现。因此，教师需要利用线下课堂的优势，例如，培养学生的批判性思维，增进学生对法学伦理和社会责任的认识，这些都是纯粹基于技术无法轻易实现的教学目标。

线上线下的融合可以拉近师生间的距离，促进法学本科教育的创新与发展。在"互联网+"时代，利用线上的先进科技，如智能教学平台和虚拟现实工具，与线下的人文关怀相结合，不仅可以提高教学效率，而且能够加强师生之间的情感连接[①]。在这种混合模式下，线下面授形式增强即时的师生互动和监督，有助于初期建立良好的师生关系，为学生提供实时的指导和反馈，帮助学生适应新环境、把握学习节奏。学生能够在课堂上通过面对面地交流与老师建立信任感，这种信任感是网络技术所无法完全取代的。同时，稳定的师生配对加强了情感联系和班级管理，从而提升了学科兴趣和安全感。在线下，传统的课堂允许教师即时观察学生的非学习表现，如情绪变化，这不仅有利于教师针对性地给予辅导，而且有助于开展更好的道德和价值观教育。结合线上工具，教师能够更好地监控和评估学生的在线学习过程，利用数据分析来针对性地调整教学方法和内容。同时，线上资源的灵活性和多样性也能够精准地满足不同学生的学习需求，帮助他们提高自主学习能力。此外，通过线上平台的论坛、问答等互动功能，师生之间可以实现时空上的无缝对话，这一互动为学生提供了一个更广阔的学习网络。此外，教师可以组织季度性线下活动，如法庭模拟、法律实务操作的工作坊，或者是参访法院、律所等，通过这些活动强化学生对法学学习的兴趣。这些互动不仅仅是学习的延伸，更是文化的传播，有助于区域性立法的理解和国家级法律意识的形成，从而深化法学本科教育应有的文化和人文特色。

总之，在"互联网+"时代，法学本科教育改革应当致力于线上先进科技与线下人文关怀的有机融合。这种融合需要在实践中不断调整和完善，以确保学生能够在全面系统的学术培养中，得到个性发展和人文素养的同步提升。通过深度融合线上与线下教学资源，法学本科教育能够在培养合格的法学专业人才的同时，注重培育其全面的人文素质和责任感，以更好地适应多元和快速发展的社会环境。

### （四）构建线上教学与线下教学的混合模式

在"互联网+"时代背景下，法学本科教育亟须通过教学方式的革新来适应社会的发展需求。构建线上教学与线下教学的混合模式，旨在整合各自的优势，以实现教学效果的最大化。这种混合模式的实施，可以使得法学本科教育更加

① 王奇才．论高校法学专业在线教学的要旨与趋势［J］．中国大学教学，2020，(08)：48-54.

灵活和多元化，尤其是在像疫情这类特殊时期，能够有效地保障教学活动的正常进行。

首先，混合教学模式优化了传统教学方式。通过线上资源的广泛运用，教师可以根据学生群体的不同需求和学习水平，实现有针对性的分组学习和分层次教学。例如，在线上平台，教师可以为学生提供不同难度的学习资源，设置个性化的学习任务，从而帮助学生在基础知识上铺好地基，同时也为高层次学习夯实基础。

其次，线上平台的灵活性为法学本科教育带来了新机遇。线上平台不仅能够突破地点和时间的限制，更能促进学生之间的交流与协作。在这个平台上，学生能够分享知识、讨论案例，并通过讨论版、问答板块等互动工具，构建一个全天候的学习和讨论环境。在特殊情况下，线上平台能够有效地避免因无法面对面上课而导致的教学中断，保证学生的学习连续性。

再次，针对不同基础的学生，混合模式提供了个性化的教学方案。对于基础相对薄弱的学生，教师可以开展线上基础课程，并通过在线视频、测验等多媒体材料加强学生的学习。通过大型公开慕课等形式，学生可以在线下课堂交流的基础上，利用线上课程来巩固和提高自己。同时，学生之间可以在线上平台上形成学习小组，互帮互助，共同进步。对于基础较好的学生，则可以运用线上资源进行深度讨论，比如，进行模拟法庭、案例分析等活动，促进学生的批判性思维和实践能力的提高。

最后，线上教学的必要性在于其与现代学习者的生活方式更加契合。在数字技术不断发展的今天，学生们习惯于利用网络资源进行自我学习和信息交流。法学本科教育改革整合线上教学资源，不仅是顺应教育现代化的必然趋势，也是确保在突发公共卫生事件等情况下教育活动连续性的重要手段。

可以说，构建线上与线下混合的教学模式能够为法学本科教育带来诸多益处，使得教育能够更加个性化、灵活且效率高效。要顺利实施这一模式，并将其转化为优质的教育成果，高校和教师需进一步拓展数字教育工具的应用，同时积极寻找最佳的线上线下结合方式①。通过这样的实践，我们有理由相信，法学本科的教育质量将得到进一步的提升。

---

① 唐素林．浅谈混合式教学模式在法学教育中的运用［J］．教育教学论坛，2021，(26)：133-136.

## 四、完善与优化法学实践教学路径

### （一）不断创新实践教学方法

**1. 案例分析教学法**

案例分析教学法是现代法学本科教育中的重要组成部分，尤其在"互联网+"时代，随着法律实务的复杂性增加和信息技术的快速发展，案例分析教学法在法学本科教育改革中占据了举足轻重的地位。虽然该教学法在国际上得到广泛应用并取得显著效果，但在中国，案例分析教学法的普及和优化仍需不断努力。与传统的教学模式相比，案例分析教学法更着重于从实际案例出发，让学生在处理具体问题的过程中理解和掌握法律知识，从而更好地培养学生的法律实践能力。

案例分析教学法的核心是将真实或者虚构的案例带入课堂，通过"以案说法"的方式，引导学生深入理解法律知识的具体应用。这种方法强调从具体案例出发，通过分析案例的事实、查找相关法律规定、应用法律原则、推理判断和法律操作等流程，完成对案例的解析。这种解析不仅包括对案例本身的法律问题分析，更重要的是让学生抓住法律知识点，理解法律的本质和法律条文的精神，以及法律知识如何在具体案件中得以应用。

进行案例教学的时候，首先需要教师精心挑选并准备案例，这些案例不但要涵盖丰富的法律概念和原理，而且要有助于学生理解和记忆。同时，这些案例还应当具备一定的时代性和争议性，以激发学生的学习兴趣。在课前，学生需要对案例进行独立预习，充分理解案件的事实脉络，梳理相关法律规定，并尽可能地形成初步的法律分析。课堂上，教师可以利用随机提问、角色扮演、小组讨论等形式，引导学生深入讨论，提出不同角度的见解。通过这种互动性的课堂讨论，可以帮助学生培养法律思维、提高语言表达能力、掌握法律分析技巧，以及学会团队合作。

案例教学法不仅仅是一个传授知识的过程，更是一个激发学生自主学习和批判性思维的过程。在法学实践教学中，案例教学法可以有效地增强学生的法律实践技能，帮助他们在未来的职场中更加自信地运用法律知识进行办案①。它促进了学生对法律的深层理解和综合运用，有利于他们将理论知识与实践操作相结

① 项定宜．互联网时代法学案例教学模式的改革与发展研究［J］．黑龙江省政法管理干部学院学报，2018，（03）：149-152.

合，缩小了校园与社会的距离，为学生今后成为合格的法学专业人才打下坚实的基础，满足了未来法治社会对于法律人才的要求。因此，在“互联网+”时代，对法学本科教育进行改革时应当充分运用案例教学法，努力完善并优化现有的教学模式。

**2. 实操全案教学法**

实操全案教学法基于建构主义学习理论，其核心在于让学生通过完成一系列的实践任务，在真实或模拟的法律实践情境中学习和解决问题，由此获得深刻的学习体验和必要的职业技能。

建构主义的理论基础为实操全案教学法提供了指导原则，强调知识是学生在与现实世界互动过程中构建出来的。在这种教学模式下，学生不再被动接受知识，而是积极构建知识的参与者。将学习任务作为知识的触发点，学习过程变得更具启发性和主动性。在实操全案教学法中，学生需要通过分析案例、讨论法律适用、模拟庭审、撰写法律文书等一系列实践活动，来不断提高自己的法律分析能力。通过这些活动，学生能够更好地理解法律条文背后的精神和运行机制，并在实际操作中加深记忆，提高理解。举例来说，在法学本科教育中的模拟法庭教学活动就是实操全案教学法的良好体现。学生将扮演律师、检察官、法官等角色，全面参与案件的处理，从事前准备到庭审辩论，每一个步骤都要求他们深入思考和应用所学知识。这种教学方式使学生在模拟真实的法律环境下，经历案件全过程的处理，获得接近职业实践的体验。完成实操全案教学活动后，学生通常会体验到成就感，这不仅是对学习成果的正向反馈，也是对职业技能掌握的确认。这种成就感对学生的长期学习积极性和职业发展有着深远的影响。此外，实操全案教学法通过强调课程的职业性和实践性，使学生能够将所学理论知识及时有效地转化为职业技能。在法律工作不断变化的今天，这种能力对于学生的未来职业生涯至关重要。

综上，实操全案教学法是在“互联网+”时代对法学本科教育进行改革的重要途径之一。通过这种教学方法，可以有效地提升学生的实践能力，突出教学的职业性和应用性，并帮助学生更好地适应未来法律职业的挑战。在制定和实施法学实践教学改革路径的过程中，不断创新和优化实操全案教学法，将为法学本科教育培养出更多专业、高效、适应时代要求的法律人才。

**3. 模拟审判教学法**

在“互联网+”时代的法学本科教育中，模拟审判教学法因其独特的实践性和互动性，已成为法律实务教学的重要组成部分。通过创新实践教学方法，特别是模拟审判，法学本科教育能够在培养学生的实战能力和理解诉讼程序方面取得显著效果。

模拟审判是一个允许学生模拟真实法庭环境和程序的教育手段。它通常包括案件材料的研究、法庭辩论、证人审问和最终裁决。此方法的一大优势是能让学生以法官、律师、被告或原告的角色直观地了解和经历庭审过程，不但深化了理论知识的学习，还提高了学生实际操作和批判性思维能力。在美国，法学本科教育中的模拟法庭训练是个综合训练方案，包含了从学分设置改革、课程内容扩充，到定期举行的模拟法庭比赛等多个方面。这种全方位的实践环境为学生提供了丰富的学习机会，例如，通过模拟法庭比赛的方式，加强学生的辩论技巧、法律分析能力以及法庭礼仪等。

为了把模拟审判教学制度化和模式化，教学方案的设计需更具实操性，以便让学生在更为真实的环境中锻炼自己的法律职业技能。这需要教师们创新教学方法，与司法机关合作提供教学支持，改革模拟法庭学分设置，并定期举办与实践紧密结合的比赛。此外，模拟审判的举办也可以对其他非法学专业的学生开放，以跨学科的方式提升模拟法庭的教学效果。

通过模拟法庭活动，学生能够全身心地投入，模拟亲身参与真实的法庭环境，体验不同法律职业角色的工作，从而获得实战中无法轻易得到的经验和技巧。在诉讼程序的每个环节，他们不仅能够深化对法律条文的理解，而且还能学会法官的决策过程、律师的辩护技巧和对证人的询问方法。

模拟审判不仅能够提升学生针对具体案件的法律实务操作能力，还能提高其对法律职业的整体认知水平，是“互联网+”时代法学本科教育改革的必经之路。通过不断地对模拟审判教学法进行创新和完善，法学本科教育能够更有效地适应新时代的挑战，培养出更多符合社会需求的法律人才。

### （二）融合不同形式的实践授课

#### 1. “校内+校外”导师融合

一方面，“校内+校外”导师融合机制，旨在通过校内外资源的整合和专业指导力量的叠加，为法学本科生提供一个立体化、多元化的实践学习平台。在这种模式下，校内导师以其深厚的理论知识为基础，辅以校外导师的实践经验和市场敏感度，共同构建起一个桥梁，实现理论与实际应用的无缝对接。校内导师主要负责学生的学术研究指导和理论深化，而校外导师则注重引导学生了解和掌握法律实务操作的技能，给予学生从事司法、律师、公务等实际工作的真实感受和实操体验[①]。

另一方面，这种融合模式下的实践授课，不仅仅限定于传统的课堂教学，更应包括模拟法庭、法律咨询实习、参与实际案件研讨、司法实习和律所实习等形式。通过系统地设计与周密地安排，学生能够获得从校内模拟案例到校外真实情景的跨越式实践经历。这样不仅能强化学生的法学专业知识，更能锻炼他们的职业素养、分析问题和解决问题的能力，从而全面提升法学生的综合素质。

“校内+校外”导师融合策略瞄准了法学实践教学改革的核心需求，是一种通过构建覆盖理论学习和实践操作的教学模式，可以实现对法学学生能力培养的有机统一。这种互补的教学机制，既加强了学生对法律知识的深入理解，也为他们未来步入法律职业领域铺设了坚实的基石。在“互联网+”时代的背景下，法学本科教育的路径应得到不断探索与创新，以适应时代的发展和社会的需求。借助先进的信息技术手段和丰富的网络资源，优化实践教学路径不仅是法学本科教育改革的必然选择，也是法学人才培养模式创新的有效途径。

**2. “案例分析+办案过程全过程”教学融合**

第一，案例分析作为法学本科教育的传统优势，强调在课堂上对具体案例进行深入探讨。这不仅能帮助学生理解法条应用的具体情境，还能培养其独立思考和批判分析的能力。通过案例教学，学生能够获得法律框架性的认识，了解到法律条文在实际案例中的运作方式和解决问题的基本逻辑。

第二，办案过程全过程教学更注重法律知识的实践应用。这包括从案件接收、资料搜集、法律分析、制定诉讼策略、代理谈判到庭审辩护等一系列过程的模拟和实践。这样的教学方式能使学生从宏观角度理解整个司法或律师实务活动，同时学习如何具体操作，提升解决实际问题的能力。

第三，将案例分析与办案过程全过程教学有机融合，意在通过案例的剖析激发学生对法律知识的兴趣和好奇心，随后在办案过程的实操中深化理解和应用这些知识。这种融合式教学能够有效构建理论与实践、知识与技能的互动关系，不断激发学生的学习热情，同时培养其实际解决问题的综合能力。针对这一点，教师应设计正向激励机制和反馈系统，既能观察学生的学习进展，又能及时调整教

① 孙记，董凯．论互联网时代法学实践教学开展中的悖论——以地方高校本科教育为主的分析［J］．黑龙江教育（理论与实践），2018，（09）：16-17.

学内容和方法，确保学生能在这一过程中获得最大的学习成效。

总体上，“案例分析+办案过程全过程”的教学融合，强调了从宏观到微观、从理论到实践的全方位教学模式。在“互联网+”时代背景下，上述教学方式还应当结合在线资源和工具，例如，利用网络平台分享典型案例，或通过模拟法庭软件进行虚拟法庭实践，以求实现教学内容的现代化和学生学习方式的多样化。通过不断优化教学模式，法学本科教育不仅为学生提供一个全面深化法律知识与实践技能的平台，也为培养适应未来法律服务需求的高素质法律人才奠定坚实的基础。

**3. “专业知识+实践技能”教学融合**

“专业知识+实践技能”教学融合模式要求我们对法学专业知识传授进行深化而不是简单罗列。这意味着必须将法学知识与实际问题相结合，借助案例教学和实际问题讨论等形式，使学生在掌握法理的同时，学会将知识运用于具体问题中。这种方式有助于学生形成批判性思维，不仅止步于理解法条，而是进一步分析法条背后的价值、逻辑以及在现实社会中的应用。

实践技能的培养是法学本科教育中不可忽视的另一个维度。在“互联网+”时代背景下，法学本科教育应注重培养学生的信息技术应用能力、网络调研和远程协作能力、电子数据处理技能等，这些都是现代法律职业必备的实践技能。通过开展在线模拟法庭、虚拟法律事务所实习、电子法律文书草拟等互动项目，可以让学生在模拟真实环境中学习法律实务，从而提前适应未来的职业环境。

为确保“专业知识+实践技能”教学模式的有效实施，教学体系和课程设置须进行相应的调整和完善。课程内容应更加注重跨学科知识的整合，比如，在法学课程中融入经济学、管理学、信息科学等相关知识，以培养学生的综合素质。同时，实践环节应从简单的模拟演练过渡到参与真实案件分析、参加法律援助工作、进行司法实习等，从而使学生在实践活动中学以致用，不断提高专业技能。

创设一个综合性的法学本科教育平台，让学生能在一个互联网化、开放式的环境下，通过线上线下相结合的方式，灵活地获取法律知识、协同工作和进行实操训练，是实现“专业知识+实践技能”教学融合的关键步骤。借助互联网技术，可以打破地域和时间的限制，让更多资源共享，让学生在更广阔的视野中学习法律，提升法学本科教育的整体效能。

### （三）实践教学符合社会需求

**1. 符合市场经济对法学人才的需求**

在“互联网+”时代，随着中国市场经济和对外开放的日益加深，法学人才的社会需求也呈现出新的特点和趋势。尤其是在市场经济高速发展的背景下，法律人才，特别是具备丰富实践经验的法律人才，成为市场所急切需求的重要资源。

在招聘会现场，我们可以发现法律人才的需求集中在经济法、民商法等与市场经济紧密相关的专业方向。例如，经济法领域分支繁多，如果是专门针对市场行为的规制与指引，就要求法律人才不仅要掌握相关理论知识，还要熟悉具体的市场操作和法律实务。知识产权代理领域的需求展示了法律人才需要具备的专业技能，比如，对专利申请流程的熟悉以及审核代理合同的能力。这些都说明了对实战技能的重视，而非仅仅停留在理论层面。当学生深入了解商法课程，虽然法律条文的教授可能采用口诀等方式来帮助记忆，但许多学生在学习结束后，实际上可能都未曾接触过真正的票据等业务文件。这样的教学方式明显与市场经济对法学人才的期待存在巨大差距，不能满足实际工作中的需要。

结合市场经济对法律人才的需求，法学本科教育中应当更强调知能合一，提高实践技能的培养。法律人才需要熟知市场经济法律制度、知识产权制度和国际经济法，以便能够在今后的职业发展中更好地服务于市场经济中的实务操作。然而，我们也看到目前的法学本科教育在实际应用上存在短板：实践课程的比重不足，甚至缺乏具体针对市场需求的实践课程设置。

因此，改革法学本科教育的路径之一就是完善与优化法学实践教学模式。首先，教学内容应更加贴近市场，增加实践课程的比重，设置更多与市场经济法相关的课程，如公司法、证券法等。其次，教学方式应注重结合理论与实践，通过模拟法庭、案例分析、实习实训等手段让学生亲身体验法律工作的实际操作，强化他们的实务能力。同时，法学院校可以与企业、律所等建立紧密的合作关系，构建校内外实践教学相结合的平台，为学生提供真实的工作环境来锻炼和应用其法律能力。

为了更好地适应市场经济对法律人才的要求，法学本科教育必须突破传统教学模式的局限，优化实践教学路径，培养出更多具备理论知识与实践技能相结合的高质量法律人才，以满足社会的实际需求。这不仅会提高毕业生的就业竞争力，更为推动中国法治进步和市场经济的健康发展做出贡献。

**2. 加强实践教学与社会之间的联系**

在“互联网+”时代，法学本科教育改革应重视实践教学环节，尤其是强化实践教学与社会之间的联系。通过增强这种连接，不仅能使法学本科教育更具现实意义，也能更好地满足社会对法学专业人才的需求。

如今社会转型期，市场经济对法学专业人才的要求多样而又专业，法务人员不再仅仅局限于传统的法律服务角色。在这样的背景下，法学本科教育必须拓宽实践课程的视野，积极探索具有社会价值的创新教育模式，如法律诊所式教学模式。借助法律诊所式教学，学生可以深入实际法律工作中，为当地社区提供法律咨询和辩护服务，这种实践不仅锻炼了学生们的专业技能，同时也服务于社会。

为了加强实践教学与社会之间的联系，以下几个方面的做法尤为重要。一是构建校外实习基地。各法学院校可以同司法机关、律师事务所、企业法务部门等建立稳固的合作关系，定期派遣学生前往进行实习。这些实习基地将为学生提供接触实际案件、参与真实法律环境的机会，使其在实践中学习和应用法律知识，并从中捕捉到社会对法律服务的实际需求。二是多样化的实践活动。除了常规的实习之外，还可以组织模拟法庭、法律援助和志愿者活动等多种形式的实务操作。通过模拟法庭，学生可以在模仿现实司法过程中体悟法律程序的精髓；通过参与法律援助服务，不仅能够帮助到需要法律帮助的社会弱势群体，也能够让学生感受到法律人的社会责任。三是教师的角色转换。教师在实践教学过程中的角色应更加多元化，既要作为学生的引导者，指导他们如何在实践中应用理论知识，又要作为评判者，客观评价学生在实践环节的表现和能力。教师也应当作为一种连接者的角色，帮助学生建立与法律实务部门的联系，提供更多实践机会。四是强化互联网技术的应用。利用互联网及新媒体工具，可以构建在线法律咨询平台、各类法律数据库等，提供更加便捷和广泛的学习与实践资源，使学生不受时空限制地接受最新的法律信息与案例解读，从而更好地将理论与实践结合起来。

## 五、加强虚拟仿真实训基地建设

### （一）构建高质量的虚拟仿真课程体系

在“互联网+”时代，法学本科教育面临课程教学实践性强化的要求。为了提高教育质量和满足社会需求，加强虚拟仿真实训基地建设显得尤为重要。构建高质量的虚拟仿真课程体系是其中的关键一步。

构建高质量的虚拟仿真课程体系要求制定清晰、系统的教学课程体系。这应该以法学专业的学术要求为基础，结合行业实际和技术发展趋势，对虚拟仿真课程进行整体布局。应从知识普及、技能培养和创新实训三个层面区分法学八大领域（如民法、刑法、商法等），确保各领域之间紧密相连，资源能够得到合理使用。此外，院校需要进行系统规划和统一设计，以此确保课程的连贯性和系统性。

首先，在学习内容的建设上，虚拟仿真课题的选取应确保其具备进阶性、创新性与挑战性。这意味着课程内容不能仅停留在过时的理论和模式上，应当不断引入新的时代性议题和前沿科技成果，如人工智能法律问题、大数据隐私保护等。此外，法学作为社会科学的一个分支，整合思政元素对于培养德才兼备的法律人才具有重要意义。

其次，虚拟仿真课程体系的建设还需要确保系统质量的规范化，这包括制定相关技术指标和服务标准。例如，虚拟仿真教学平台的实时性、稳定性和交互性等指标，它们直接影响到师生的使用体验和教学效果。设置清晰明确的质量标准，可以促使开发者和服务提供商针对性地提高服务和产品质量水平。

最后，构建课程体系还必须重视虚拟环境的装备化。现代教育技术发展迅速，虚拟实验室、3D 模拟法庭、在线互动平台等都可以作为虚拟仿真教学的工具。这些虚拟仿真教学工具的选择需与法学本科教育的课程内容和教育目标一致，同时还应兼顾科技先进性和经济成本。创建既能够模拟真实环境又能进行高效学习的空间将极大提升学生的实践技能。

此外，虚拟仿真课程的建设还应该重视教学应用的常态化。这意味着教学应用不只是一次性的“工程项目”，而是需要长期、频繁地使用，以适应不断变化的社会和法律环境。只有当这些系统和工具被广泛地、正常地应用于教育实践中，教育改革才能够实现预期的社会效果。因此，需要通过建立评价激励机制、完善制度建设和强化技术支持来不断提高教学效果。

总的来说，构建高质量虚拟仿真课程体系是一个复杂的系统工程。它需要从课程系统化到教学应用常态化的每一个环节都进行精心设计与调整，以适应“互联网+”时代的法学本科教育需求。通过这些举措，法学本科教育将能够培养出更多适应未来挑战的法律人才，从而更好地服务社会。

### （二）对仿真实训基地和设备仪器进行管理

在当今技术迅速发展的时代，虚拟仿真实训已成为教学和技能提升中不可或缺的一部分。管理好实训基地和仪器设备对优化学习过程、维护实训效果及设备寿命至关重要。因此，对于虚拟仿真实训设备仪器的高效管理，专业的实验员和健全的设备管理规章制度是保证实训顺畅、设备良好运行的关键。

根据实践经验，实验员的角色至关重要，需负责统一管理虚拟仿真实训的仪器设备。实验员应具备相关设备的操作知识和维护技能，能够及时发现并解决设备使用过程中出现的问题。同时，为保证实训空间的合理运用，每一件设备摆放的位置需经过精心安排，既要满足美观整洁的要求，又要便于实训活动的开展。例如，实训设备按类别、频次或功能区进行合理展摆，以确保具有顺序性和逻辑性，减少实训时的搬运与调整时间，降低设备损坏风险。

同时，需要建立健全的设备管理规章制度，例如，实行教师责任制度来配合管理设备仪器。在具体实训过程中，教师与实验员合作，负责仪器设备的领取、登记和归还，确保每一件仪器设备都能得到妥善管理。通过规范的管理流程，可确保设备的使用、维护与保养得到及时有效落实，避免因管理疏漏导致教学质量降低或设备损坏。在实践教学结束后，所有仪器设备应按照既定程序及时归还并进行登记，此外，使用情况应由实验员汇报给专职负责人，这样有助于跟踪设备的使用状态并适时进行必要的维护工作。例如，假设在模拟医学实验教学中发现某设备运行不稳定或故障频发，实验员须及时与设备维护人员沟通，安排力所能及的初步检修，并在必要时寻求专业技术人员的支持。

通过专人负责、合理安排和规范操作的管理策略，仿真实训基地的设备仪器得到有效的管理和保养，不仅延长了设备的使用寿命，也极大提升了教学质量和实训效果。

### （三）注重仿真实训基地管理人员的管理工作

在高校教育中，实训基地是连接理论教学与实践操作的关键环节，其管理质量直接影响到教学成效与学生技能培养的质量。然而，现行的管理模式往往将管理和教学职能混合，致使实训基地的管理员面临来自教学和管理的双重压力，在很大程度上影响了实践教学的质量。要想有效改善这一状况，关键在于重新梳理和加强对实训基地管理人员的管理工作。

一方面，当前实训基地的管理工作存在明显的角色冲突。管理员既要负责实训教学的策划与实施，又要兼顾管理职责，如设备维护、资产管理等，这样的双重角色无疑加剧了工作难度。因此，应该对实验员的任务进行科学分配，明确划分其职责范围是关键之一。例如，让实验员专注于负责实训基地的日常维护、资产与设备管理、保持实训环境卫生及确保实训安全等，而教师则专心投入实训课程的教授与学生技能指导中。

另一方面，在实训基地面临多个班级与不同教师共用的情况下，如何保持高效与秩序成为管理工作上的难题。单一管理员难以处理如此复杂的协调工作，因此，需建立一套明晰的调度系统，确保实训资源被合理安排和利用。同时，通过强化实验员的专业培训，不仅可以提升其个人职业素养和安全意识，也有助于他们掌握与实训基地相关的管理程序和应急处置能力，从而为实训教学提供持续稳定的支撑。

通过对实验员进行精准的工作分配、提升其专业能力，以及构建科学的资源调度机制，能显著提升仿真实训基地的管理效率和教学质量，从而为学生提供一个更加专业、安全的实训环境，有力支持高校的实践教学。这不仅对学生的技能提升至关重要，也是推动高等教育整体发展不可或缺的一环。

# 参考文献

## 一、期刊论文

［1］李兵．应用型本科高校法学教育内涵式发展路径探析［J］．湖北开放职业学院学报，2024，37（08）：27-29+32.

［2］何跃军，陈淋淋，何雨泽．法学教育理论与实践脱节论的三重逻辑反思［J］．宁波大学学报（教育科学版），2024，46（02）：38-46.

［3］段君尚，赵振龙．新文科背景下法学本科教育的双重优化策略——以山东大学为例［J］．山东高等教育，2024，（01）：53-59+90.

［4］李斌．人工智能时代法学专业学生就业能力提升路径探究［J］．创新与创业教育，2023，14（06）：86-92.

［5］姜晓华．新文科背景下法学专业人才培养路径研究［J］．黑龙江省政法管理干部学院学报，2023（06）：147-151.

［6］刘永红，卿馨．新文科背景下法学教育的反思、挑战与应对［J］．四川文理学院学报，2023，33（06）：141-147.

［7］阎其华，王盼盼．法学本科生教育培养范围研究［J］．法制博览，2023（31）：166-168.

［8］徐月笛．创新创业教育与法学教育融合研究［J］．高教学刊，2023，9（30）：55-58.

［9］申清平，申晨．网络环境下的法学教育困境及应对策略［J］．法制博览，2023（27）：160-162.

［10］谢伟．新文科背景下中国式法学本科教育改革路径探析［J］．广西社会科学，2023（08）：108-115.

［11］李侠．法学本科教育翻转课堂线下教学模式建构［J］．西部素质教育，2023，9（15）：161-164+189.

［12］谢群．“互联网+”时代的高校法学教学改革挑战与应对之道［J］．法制博览，2023（20）：166-168.

［13］何惠莹，苏兆勇．论新时代中国特色法学本科教育的创新［J］．教学研究，2023，46（02）：67-71.

［14］徐铁博．法学学科教育中“线上+线下”混合式教学方法的探索［J］．法制博览，2023（07）：19-21.

［15］陈永蓉．“互联网+”视域下民办应用型大学法学教学改革研究［J］．法制博览，2023（04）：163-165.

［16］马长山．数字时代的法学教育转型［J］．上海政法学院学报（法治论丛），2023，38（01）：101-111.

［17］李一炘．“互联网+”时代法学人才培养的机遇与挑战——以学生视角为切入点［J］．佳木斯职业学院学报，2023，39（01）：94-96.

［18］游华奎．“互联网+”时代下法学教育面临的挑战与应对策略［J］．吉林省教育学院学报，2022，38（12）：75-78.

［19］南景毓．大数据时代高校法学教育适应性变革的机遇与挑战［J］．潍坊工程职业学院学报，2022，35（06）：68-73.

［20］李闯豪，于淑杰．人工智能时代法学本科教育的变革研究［J］．湖北开放职业学院学报，2022，35（20）：19-20+26.

［21］雷锐，黎桃桃，黄丽婷．“互联网+”背景下开放教育法学专业应用能力培养模式研究［J］．广西广播电视大学学报，2022，33（02）：89-92.

［22］郭祥众．“互联网+”时代法学教学模式创新研究［J］．佳木斯职业学院学报，2022，38（03）：119-121.

［23］毋晓蕾．互联网时代法学教育面临的挑战与应对策略［J］．兴义民族师范学院学报，2022（01）：88-92.

［24］姜永伟，于宝林，冯雷．“互联网+”时代高校教育中的价值观塑造——以法学教育为例［J］．中国电化教育，2022（02）：83-90.

［25］周绍强，赵红．“互联网+”时代下法学混合式教学模式探析［J］．中国多媒体与网络教学学报（上旬刊），2022（02）：17-20.

［26］崔超．“互联网+”法务视域下法学实践课程体系与教学内容重构［J］.

贵州警察学院学报，2022，34（01）：116-122.

［27］冯瑞琳，王至宇，周子璇．"互联网+"高校法学实践教学平台的建设与应用［J］．河北工程大学学报（社会科学版），2021，38（04）：117-122.

［28］张晓远，寇佳惠．"互联网+"背景下高校法学教学改革的困境与出路［J］．大学，2021（47）：103-106.

［29］陈进．互联网时代下高校法学教学改革问题与对策［J］．黑龙江科学，2021，12（21）：76-77.

［30］潘琳达．基于"互联网+法学教育"改革的问题研究［J］．法制博览，2021（29）：15-16.

［31］冯晶．论法学本科教育中对学生思维能力的培养［J］．甘肃教育研究，2021（05）：12-14.

［32］李文．中英法学本科教育差异比较研究［J］．黑龙江省政法管理干部学院学报，2021（05）：148-151.

［33］罗晓萌．"互联网+"时代卓越法治人才培养机制研究［J］．黑龙江教育（高教研究与评估），2021（09）：24-26.

［34］唐素林．浅谈混合式教学模式在法学教育中的运用［J］．教育教学论坛，2021（26）：133-136.

［35］廖兰芳．网络时代背景下高校法学教育改革［J］．法制博览，2021（16）：191-192.

［36］罗晓萌．"互联网+"法学"课程思政"教学改革研究［J］．湖北开放职业学院学报，2021，34（08）：98-99+102.

［37］佟伶俐．微信公众平台下的法学教育与自主学习［J］．法制博览，2021（12）：179-180.

［38］李海良．法学互联网教学的机遇与挑战［J］．中国多媒体与网络教学学报（上旬刊），2021（04）：20-22.

［39］陈斯日古楞．互联网+时代科技类法学教育所面临的挑战与升级——评《人工智能与法律解析——数字时代法律实践的新工具》［J］．中国油脂，2021，46（01）：164.

［40］董娟，崔祯珍．中国特色法学本科教育的创新思考［J］．安阳工学院学报，2021，20（01）：114-117.

［41］马艳婕．"互联网+"时代法学本科理论课程改革探索［J］．科技视界，

2021（01）：10-12.

［42］田海鑫．互联网视域下法学教学改革研究——评《法治中国与法学教育》［J］．教育发展研究，2020，40（24）：87.

［43］项定宜，毕莹．“互联网+”背景下法学教育模式探析［J］．黑龙江教师发展学院学报，2020，39（12）：42-45.

［44］朱嘉珺．智能时代法学教育的发展与突破［J］．淮阴师范学院学报（自然科学版），2020，19（04）：370-372.

［45］罗团．人工智能时代法学教育的变革进路——以法律素养培养为核心的改革［J］．广西教育学院学报，2020（06）：181-188.

［46］姚明．线上教学视域下的高校法学专业虚拟实践平台建设［J］．安徽广播电视大学学报，2020（04）：39-43.

［47］鲁丹．“互联网+”时代法学教育教学模式创新研究［J］．大学，2020（44）：115-117.

［48］唐素林．“互联网+”时代高职线上线下法学教育教学创新探究［J］．中国多媒体与网络教学学报（中旬刊），2020（11）：7-9.

［49］刘坤轮．何以固本：法学教育如何回应人工智能时代？［J］．山东社会科学，2020（11）：91-96.

［50］王苹．法学本科个性化教育路径探析［J］．法制博览，2020（30）：159-160.

［51］唐素林．“互联网+”模式下法学教育改革路径的困境与思考［J］．法制博览，2020（30）：161-162.

［52］冯振．互联网+时代高校法学教育的应对策略试析［J］．中外企业文化，2020（10）：148-149.

［53］张富利，高行．人工智能时代法学教育模式变革探析［J］．辽宁教育行政学院学报，2020，37（05）：60-64.

［54］余寅同．应用型法学本科教育体系建设研究［J］．安阳师范学院学报，2020（04）：139-145.

［55］王奇才．论高校法学专业在线教学的要旨与趋势［J］．中国大学教学，2020（08）：48-54.

［56］方明月．“互联网+”时代开放教育法学教学模式改革研究——以《民法》课程为例［J］．创新创业理论研究与实践，2020，3（15）：111-112.

[57] 万灵娟．“智慧法学”目标下高校法学教育走向智能化的探索之路［J］．法制博览，2020（21）：43-45.

[58] 肖良东．地方高校法学本科课程设置改革探讨［J］．法制与社会，2020（19）：161-163.

[59] 向欣怡．“互联网+”时代复合法学人才培养机制探析［J］．现代交际，2020（12）：191-192.

[60] 翟明煜．普通地方本科院校法学专业的前景展望与转型发展［J］．兰州教育学院学报，2020，36（06）：71-74.

[61] 刘雅芬．“互联网+”时代法学教学模式创新分析［J］．陕西教育（高教），2020（06）：45-46.

[62] 王华伟，李飒，朱玉芝．科教融合下法学本科培养目标及模式可持续发展分析［J］．法制与经济，2020（05）：148-150.

[63] 李胜利，许俊伟．困境与变革：我国法学本科教育发展的时代审思［J］．兰州教育学院学报，2020，36（03）：65-67.

[64] 陈冠旭，苗家，王飞．“互联网+”教育中的法学变革［J］．科技风，2020（07）：59.

[65] 段亚楠．“互联网+”时代法学教育面临的挑战与变革［J］．佳木斯职业学院学报，2020，36（02）：56-57.

[66] 林锦静．互联网背景下法学教学模式的变革——以混合式教学模式为视角［J］．伊犁师范学院学报（社会科学版），2019，37（04）：71-76.

[67] 余桂芳．“互联网+”时代下高校法学教学改革面临的挑战及对策［J］．法制博览，2019（32）：228-229.

[68] 储陈城．近代德国大学法学本科教学计划及启示［J］．池州学院学报，2019，33（05）：140-144.

[69] 黄昕．基于发展核心素养的法学本科人才培养的反思与优化［J］．江苏第二师范学院学报，2019，35（05）：62-65.

[70] 潘久红．“互联网+”时代法学教育教学模式创新分析［J］．法制博览，2019（27）：282-283.

[71] 何忆．“互联网+”模式下法学教育改革路径探讨［J］．才智，2019（26）：21.

[72] 何忆．人工智能背景下的中国高校法学教育改革探索［J］．才智，2019

(23)：7.

［73］高泉．人工智能对法学教育的挑战及其应对［J］．法制博览，2019（23）：51-53.

［74］陈来宏．“互联网+”背景下法科学生实践技能培养路径研究［J］．黑龙江教育（高教研究与评估），2019（08）：88-92.

［75］王渊，吴双全．“互联网+”时代法学教育变革研究［J］．高教探索，2019（07）：38-43.

［76］薄晓波．混合式教学方法在法学教育中运用之探索［J］．教育现代化，2019，6（54）：195-197+200.

［77］徐慧敏．“互联网+”背景下法学教育中隐性知识的挑战及其回应［J］．法制与社会，2019（18）：199-200.

［78］彭丽明，李俊．“互联网+”时代法学教育教学模式改革［J］．教育文化论坛，2019，11（03）：128-131.

［79］丛广林．论法学本科教育中的法律思维培养［J］．中国多媒体与网络教学学报（上旬刊），2019（06）：95-96.

［80］左倪娜，李冬青．“人工智能+法学”复合型人才培养探究［J］．广西政法管理干部学院学报，2019，34（03）：125-128.

［81］刘坤轮．新常态下的中国法学教育：背景与趋势［J］．人民法治，2019（10）：100-105.

［82］马岚．“互联网+”视域下法学教育研究［J］．法制博览，2019（14）：19-21.

［83］曹志瑜，曹欣．地方高校的法学本科教育定位［J］．天津市教科院学报，2019（02）：38-42.

［84］王超，阮亮，杨新会．人工智能框架下的法学教育创新问题研究［J］．产业与科技论坛，2019，18（08）：174-176.

［85］曹志瑜，曹欣．地方高校法学本科教育改革构想［J］．景德镇学院学报，2019，34（02）：40-43.

［86］冯艳，李萌．“互联网+”时代法学教育面临的挑战与变革［J］．产业与科技论坛，2019，18（07）：131-132.

［87］罗晓萌．论“互联网+”时代法学教育的革新［J］．法制与经济，2019（03）：135-136.

[88] 张镝."互联网+"时代下高等法学教学改革的困境与出路 [J]. 黑龙江教育学院学报, 2019, 38 (03): 34-36.

[89] 周秀娟, 刘淑波. 我国法学教育内涵式发展问题研究 [J]. 长春理工大学学报 (社会科学版), 2019, 32 (02): 53-56.

[90] 蔡婷."互联网+"时代法学教育面临的挑战与变革的研讨 [J]. 法制博览, 2019 (06): 214.

[91] 徐瑾. 法学本科实践教学模式的本土化探索 [J]. 当代教育实践与教学研究, 2019 (03): 243-244.

[92] 马艳婕."互联网+"时代法学本科教育改革探究——基于独立学院的人才培养出发 [J]. 科技视界, 2019 (03): 26-28.

[93] 鲁子杰."互联网+"时代法学教育面临的挑战与变革研究 [J]. 法制博览, 2019 (03): 242.

[94] 谢晖. 基于移动互联网络环境的法学教育实践技能培养模式 [J]. 内蒙古电大学刊, 2019 (01): 109-113.

**二、学位论文**

[1] 曹岑. 江平的法学思想研究 [D]. 宜昌: 三峡大学, 2019.

[2] 杨子巍. 论法学教育与市场需求 [D]. 广州: 广东外语外贸大学, 2018.

[3] 韩月萍. 论中国法学本科专业教育的现状、问题及优化 [D]. 成都: 西南交通大学, 2016.

[4] 肖润娉. 法学实践课程的教学改革 [D]. 北京: 首都师范大学, 2014.

[5] 王丽珍. 民国时期法学教育的历史与反思 [D]. 烟台: 烟台大学, 2014.

[6] 郭崇. 论本科法学教育中案例教学法之完善 [D]. 长春: 吉林大学, 2013.

[7] 刘欠欠. 论法学本科教育的改革 [D]. 上海: 华东政法大学, 2012.

[8] 马效平. 沈家本法律教育思想及其实践研究 [D]. 济南: 山东大学, 2012.

[9] 李建芬. 本科法学教育人才培养模式研究 [D]. 咸阳: 西北农林科技大学, 2010.

[10] 夏锋平. 中国法学教育之现状、问题与发展进路 [D]. 重庆: 西南政法大学, 2010.

**三、著作**

[1] 刘佳. 法律教育学 [M]. 北京: 社会科学文献出版社, 2012.

［2］汪世荣．有效的法学实践教育［M］．北京：法律出版社，2012.

［3］王崇敏，王琦．法学实践性教学与应用型法律人才培养［M］．长春：吉林大学出版社，2011.

［4］何美欢．理想的专业法学教育［M］．北京：中国政法大学出版社，2011.

［5］霍宪丹．法律教育：从社会人到法律人为中国实践［M］．北京：中国政法大学出版社，2010.

［6］徐显明，郑永流．六年制法学教育模式改革［M］．北京：中国法制出版社，2009.

［7］侯强．中国近代法律教育转型与社会变迁研究［M］．北京：中国社会科学出版社，2008.

［8］霍宪丹．中国法学教育反思［M］．北京：中国人民大学出版社，2007.

［9］房文翠．法学教育价值研究［M］．北京：北京大学出版社，2005.

［10］何美欢．论当代中国的普通法教育［M］．北京：中国政法大学出版社，2005.

# 后　　记

综上所述，在“互联网+”时代，“互联网+”思维方式对社会领域中的各行各业产生了深刻的影响作用，教育领域也不例外。与其他领域相比较，教育领域受到的影响显得缓慢一些，大部分学校也只是从技术的角度来看待“互联网+”，导致“互联网+”在教育教学中仍然处于边缘地位。对于法学本科教育来说，虽然其也在积极地探索与实践“互联网+教育”的新模式、新方法，但是由于法学本科教育对“互联网+教育”的探索仍然处于初级阶段，相关理论成果并不充足，加上大部分教师自身信息素养水平不高，导致“互联网+”时代法学本科教育在改革过程中面临着诸多的现实困境。为此，在“互联网+”时代，关于法学本科教育改革，首先，要始终坚持开放性原则、发展性原则以及自主学习原则，加强法学本科教育资源的开发与利用，对法学本科数字化教育资源进行分类，选择有效的教育资源建设路径，并搭建教育资源公共服务平台。其次，改革也要全面地提高师生的信息素养，组建专业的技术人员队伍，创新教师信息素养培养机制，为教师提供信息化教学实践机会，而对于学生来说，则要营造良好的社会信息素养环境，加强高校信息素养管理与建设，开设必要的信息技术课程，加强对信息素养培养实践性环节的引导等。同时，也要推进线上线下教学的深度融合，注重教学资源的融合、线上自主学习与线下教学监管的融合、线上先进科技与线下人文关怀的融合。此外，还需要完善与优化法学实践教学路径，采取多种实践教学方法，并将不同形式的实践授课方式融合在一起，确保实践教学符合社会需求。最后，还需要加强虚拟仿真实训基地建设，为“互联网+”时代法学本科教育实践活动的顺利开展提供保障。